Liana Bradt

Weihnachtsgeschichten

Liana Bradt

Weihnachtsgeschichten

ISENSEE VERLAG
OLDENBURG

Bibliografische Information Der Deutschen Bibliothek

Die Deutsche Nationalbibliothek verzeichnet diese Publikation in der Deutschen Nationalbibliografie; detaillierte bibliografische Daten sind im Internet über http://dnb.d-nb.de abrufbar.

ISBN 978-3-7308-1038-5

Gedruckt bei Isensee in Oldenburg

Inhalt

Aufschwung

„Hat der Weihnachtsmann eigentlich Geld?" will Ulli von der Oma wissen. „Ich glaube nicht", antwortet die Oma. „Wie bezahlt er dann die ganzen Geschenke, die er für die Kinder kauft?" „Die Weihnachtsgeschenke für die Kinder bastelt der Weihnachtsmann selbst." Ulli kann es kaum fassen: „Für die ganzen Kinder überall auf der Welt?" „Ja, der Weihnachtsmann hat eine große Werkstatt und viele Angestellte, die ihm zur Hand gehen." „Papa ist auch ein Angestellter und er kriegt Geld dafür, dass er das ist, damit er die Miete bezahlen kann. Die Angestellten vom Weihnachtsmann müssen doch bestimmt auch Miete bezahlen, oder?" Aber bevor die Oma sich eine Antwort zu dieser Frage ausdenken kann, hat Ulli längst selbst eine fernab von Omas Erfindungen: „Wenn die Angestellten Miete bezahlen müssen, dann braucht der Weihnachtsmann Geld. Und je mehr Angestellte der Weihnachtsmann für die Geschenke braucht, umso mehr Geld muss er haben, um sie bezahlen zu können. Und Fabian hat auch gesagt, dass die Weihnachtsgeschenke in China am billigsten sind, wegen der geringen Produktionskosten." Die Oma überlegt, wenn der Junge sich schon mit den Kernfragen einer Marktwirtschaft beschäftigt, wäre es da nicht sinnvoll, ihn aufzuklären? Ihm zu verraten, woher die Weihnachtsgeschenke kommen und wer sie bezahlt? Aber noch will sie abwarten, vorerst verhalten reagieren, fragt deshalb nur „Wieso auch?" Und Ulli bleibt eindrucksvoll logisch: „Je billiger die Weihnachtsgeschenke sind, desto mehr kann man sich wünschen. Und wenn die immer billiger werden, die Weihnachtsgeschenke, dann kann der Weihnachtsmann ja öfter kommen, als nur einmal im Jahr. Und das findet Fabian auch."

Bildersammlung

Ein Wald, ein Tannenwald, dicht an dicht nebeneinander gewachsen, groß und gerade, mit stattlichen Stämmen. Wie im Spalier haben sie sich still zum Himmel hochgezogen und sind alle gleichzeitig dort angekommen. Dabei hat sich eine nach der anderen gerichtet, in ständiger Absprache. Ihre Zweige sind undurchdringlich ineinandergeschoben, stapelweise, wie Wendeltreppen, um sich nicht gegenseitig im Wachstum zu stören. Und wenn der Wind sich in ihnen wie in einem Labyrinth verfängt, dann beugen sie sich schwerfällig rauschend und knirschend, rhythmisch nacheinander, eingehakt wie Zahnräder, und entlassen ihn erst wieder nach der allerletzten Umdrehung. Selbst der Schnee braucht viel Geduld, will er durch ihr Dickicht rutschen, wenn er sich als Winter bemüht Und niemand kann sie zählen. Nur den Sternen gelingt das, wenn sie auf ihren Spitzen tanzen, oder dem Mond, wenn er sie reihum besucht. Und zu dicht auch ihre Zweige für Weihnachtskugeln.

Dabei ist doch Weihnachten heute, jetzt, Heiligabend!

Und da sind ja auch welche! Lichter, die mit der heranziehenden Dämmerung wie Leuchtkugeln aus ihren Ästen wachsen. Immer kräftiger, in Konkurrenz zu den Sternen, heben sie sich in zunehmender Dunkelheit hervor. Immer mehr versammeln sich feierlich zur Überraschung in ihren Nadeln. Große und Kleine, bunt als Farbe, die rundherum strahlend in den Schein der anderen zieht. In ihrer Betrachtung treffen sich längst verschollen geglaubte Sehnsüchte zu Weihnachtsgefühlen. Das sind solche, die sich weltweit in

der Geborgenheit von Verabredungen bündeln und sich so durch Generationen tragen. Weihnachtsgefühle, verlässlich als wiederkehrende Erfahrung, die in der Eile des Alltagserlebens unberücksichtigt bleiben, doch als Ahnung empfänglich. Und jetzt in der Aufmerksamkeit dieser Zeit eingelöst werden können als Zuversicht, die sich im Glanz der Weihnachtskugeln überall als Andenken widerspiegelt.
Aber wer hat sie in die Zweige gesteckt? Und wer hat eine so hohe Leiter und so viel Geduld wie der Schnee?
Die Vorstellung!

Das Experiment

Die Familie hat den Entschluss gefasst, sich erstens nicht am vorweihnachtlichen Weihnachtsstress zu beteiligen, also an der Jagd nach passenden Geschenken, und zweitens, sich dennoch oder gerade deswegen alle Wünsche zu erfüllen, nur eben nach Weihnachten, weil dann alles wesentlich preiswerter ist. So ist es schon ein gravierender Unterschied, ob für den Flachbildfernseher für Sohn Tom vor Weihnachten etwa zweihundertneunundsiebzig Euro ausgegeben werden müssen oder nur knapp die Hälfte nach Weihnachten. Das ist nämlich genau der Unterschied, der es erlaubt, ihm auch noch den Wunsch nach einem neuen Handy erfüllen zu können. Ähnlich großzügig kann mit den Weihnachtswünschen der restlichen Familienmitglieder umgegangen werden. Selbst unerfüllt gebliebene Geburtstagswünsche finden sich auf der Weihnachtsgeschenkeliste wieder, weil zu solchen Ereignissen nicht mit den marktrelevanten Mechanismen zu rechnen ist wie zur Weihnachtszeit wo sich die Mehrheit der Menschen im Kaufrausch befindet. Und damit der nach Weihnachten möglichst nicht versiegt, werden eben als Anreiz zum weiteren Kauf die Preise gesenkt. Jedenfalls sind alle froh über die Entscheidung, die Bescherung ins neue Jahr zu verlegen, zumal doch die Vorfreude die schönste Freude ist. Doch je näher nun der Heilige Abend rückt, umso gedrückter wird die Stimmung. Schließlich sitzen alle zusammen vor dem reichlich geschmückten Tannenbaum, unter den reichlich Geschenke gepasst hätten und finden sogar den gut gelungen Festtagsbraten ziemlich dröge, passend zur Weihnachtsstimmung. Und plötzlich heult Tochter Sabine los: „Im nächsten Jahr können wir den Tannenbaum ja auch erst nach Weihnachten kaufen!“ Und der Bruder ergänzt: „Dann hat er keine Nadeln mehr und dann kriegen wir ihn bestimmt umsonst.“ Und weil die Vorstellung von einem Tannenbaum ohne Nadeln, auch wenn er deshalb kostenlos erworben werden kann, sich als ausgesprochen beklemmende Vorstellung niederlässt, schlüpfen alle wie auf Kommando in ihre Schals und Mäntel und düsen los zum Einkaufsbummel in den Bahnhof, denn da sind die Geschäfte auch am Heiligen Abend noch geöffnet. Und nun wird großzügig eingekauft, verpackt und mitgenommen, quer durch das gesamte Angebot. Aber weil an Orten wie dem Bahnhof die Preise immer besonders hoch sind, wegen der längeren Öffnungszeiten und mangelnder Konkurrenz, ist das Geld bald verbraucht Und obwohl deshalb kaum ein Drittel der Wünsche erfüllt werden kann, bleibt dennoch keiner offen, weil das Glück, in weihnachtliche Tradition integriert zu sein alles sonst Begehrte in den Schatten stellt.

Denkanstoss

„Zu welchem Anlass schenken wir Inge denn nun was?"
„Wie, zu welchem Anlass?"
„Sie hat uns zu ihrem runden Geburtstag am Heiligen Abend eingeladen."
„Am Heiligen Abend Geburtstag haben ist praktisch, da hatte Rolf sicher nie das Problem ihn zu vergessen."
„Im Gegensatz zu dir."
„Deinen Geburtstag habe ich auch noch nie vergessen."
„Doch, einmal, da hast du mir morgens nicht gratuliert und ein Geschenk habe ich auch erst nachmittags bekommen."
„Ich wollte dir erst mit der Geschenkübergabe gratulieren."
„Gib es zu, du hast ihn vergessen. Während ich den ganzen Tag über an dich denke, denkst du nicht einmal an meinem Geburtstag an mich."
„Du denkst den ganzen Tag an mich?"
„Ich verpflege dich fast rund um die Uhr und denke darüber nach, womit."
„Doch mit Lebensmitteln, oder?"
„Ja, aber eben Gedanken über Resteverwertung, Sonderangebote, abwechslungsreiche Kost usw."
„Was, ich lebe von Resten und Sonderangeboten?"
„Und das ziemlich gut wie man sieht."
„Und wenn du mal nicht übers Essen nachdenkst?"
„Dann habe ich vorgekocht. Aber auch dabei geht es um beurteilen und abwägen, in Verbindung setzen, Entscheidungen treffen, Ergebnisse umsetzen und sie schließlich auf den Tisch stellen."

„Und das alles nur wegen mir? Aber du isst doch mit.“
„Wenn ich für mich allein kochen würde, würde ich sicher nicht so viel Aufwand betreiben.“
„Also du denkst den ganzen Tag darüber nach, was mir schmecken könnte? Das wusste ich gar nicht.“
„Ihr Männer wisst vieles nicht, weil ihr lediglich überlegen müsst, welchen Happen ihr zuerst in den Mund schiebt.“
„Nicht einmal darüber müssen wir nachdenken, wir sind eben routiniert.“
„Und deswegen seid ihr auch so unflexibel, wenn es um neue Gedankengänge geht.“
„Zum Beispiel?“
„Zum Beispiel, zu welchem Anlass wir Inge etwas schenken, schließlich sind wir zu zwei Geburtstagen eingeladen.“
„Zu zwei Geburtstagen?“
„Ja, das Christkind hat auch Geburtstag.“
„Also ich denke gerade darüber nach, ob ich dich nicht zum Essen einladen soll, damit du mal auf andere Gedanken kommst.“
„Wenn das auch zur Routine wird, dann kannst du so bleiben, wie du bist!“

Der Doppelgänger

Nach turbulenter Bescherung sitzen nun alle erschöpft, aber zufrieden am Tisch und genießen die Entspannung beim wohlgeratenen Weihnachtsbraten, als es an der Haustür klingelt. „Wer kann das sein?“ „Ich weiß es nicht.“ „Ich gehe schon.“ Vor der Tür steht ein Weihnachtsmann, ganz in Position, mit tief gestellter Stimme:“ Ich komme von weit draußen her, mit meinem Schlitten, um diesem Haus Weihnachtsgeschenke zu überbringen.“ Die Mutter ist amüsiert über so viel Hingabe in diese Aufgabe, aber auch gleichzeitig erstaunt: „Noch ein Weihnachtsmann?“ fragt sie und ergänzt: „Der war schon da.“ „Ich war noch nicht hier“, erklärt der Weihnachtsmann nun ebenso erstaunt und mit einer Stimme wie auch sonst in seinem Leben. „Doch“, entgegnet die Mutter, „vor einer Stunde, da hatten wir Bescherung mit einem Weihnachtsmann.“ „Aber nicht mit mir.“ Der Weihnachtsmann zieht seine Kapuze vom Kopf und stellt den prall gefüllten Sack mit Weihnachtsgeschenken von der Schulter hinunter auf die Erde. „Da liegt ein Missverständnis vor.“ Aus den hinteren Räumen ruft jemand:“ Das Essen wird kalt!“ „Kommen Sie doch herein, essen sie mit uns, aber ziehen Sie ihre Verkleidung aus“, lädt die Mutter den Weihnachtsmann ein. „Nein, nein“, lehnt dieser ab“, ich muss das hier erst klären, weil vielleicht bin ich wirklich an der falschen Adresse und irgendwo wartet jemand auf mich und die Weihnachtsgeschenke.“ „Von welcher Agentur kommen Sie denn?“ „Von der Weihnachtsmannagentur.“ „Bei diesem Serviceunternehmen haben wir unseren Auftrag auch bestellt und der Weihnachtsmann war, wie verabredet, vor einer Stunde da. Einen Zweiten haben wir ganz sicher nicht beauftragt." „Wohnt hier noch jemand mit diesem Nachnamen?" „Nein." „Vielleicht haben Sie und Ihr Mann unabhängig voneinander eine Bestellung aufgegeben?" „Ganz sicher nicht." Nun kommt auch der Vater an die Tür und will wissen, was da draußen los ist. Und nachdem er das weiß, fragt er den Weihnachtsmann:" Haben Sie nicht so eine Art Lieferschein dabei?" Den hat er und darauf stehen die Adresse, der Name des Empfängers, die Uhrzeit und die Liste der Geschenke. Die Adresse stimmt, der Name auch, aber die Geschenke haben sie nicht bestellt. Keinen XXL Stoffbären, keine Espressomaschine, keinen Bestsellerroman und edle Süßigkeiten ebenso wenig. „Also wir haben diese Geschenke nicht ausgesucht und ihren Einsatz werden wir deshalb auch nicht bezahlen." Der Vater wird ungeduldig angesichts dieser verzwickten Situation. „Wer ist denn der Auftraggeber?" „Das ist mit wenigen Ausnahmen der Adressat. Mittlerweile sind auch die Weihnachtsgäste an die Haustür gekommen und schauen nun alle in den großen Sack des Weihnachtsmannes, vielleicht ist darin ein Hinweis auf den Absender beziehungsweise den Auftraggeber zu finden. Und tatsächlich, eine Weihnachtskarte mit Weihnachtswünschen steckt zwischen den Geschenken, unterschrieben von Ingo „Das ist Ingo, dein Bruder!" Jubelt nun die Mutter. Und der Vater erklärt: „Der konnte in diesem Jahr nicht zur Weihnachtsfeier zu uns kommen, er ist verreist." Und die Mutter fügt hinzu:" Wir haben die ganze Zeit auf ein Päckchen von ihm gewartet. Typisch für Ingo, uns auf diese Art zu überraschen", freut sie sich. „Doch wie erklären wir Laura, dass schon wieder ein Weihnachtsmann da ist? Ich meine, sie könnte sich daran gewöhnen, dass anstatt eines Weihnachtsmanns eine ganze Horde mit Geschenken vorbei kommt. Damit entlarven wir die Mähr vom Weihnachtsmann, machen aus einem einmaligen Erlebnis, woraus er ja seine Mystifizierung bezieht, einen beliebig wiederholbaren Vorgang. Doch Laura, die sich inzwischen unter die Erwachsenen gemischt hat, zerstreut diese Bedenken, begrüßt den Weihnachtsmann freudig und ruft entzückt: „Oh, ein Doppelgänger!“ Und die Erwachsenen stimmen ihr zu, denn ein Doppelgänger ist nämlich jemand, der doppelt kommt, also derselbe, der schon mal da war, in diesem Fall, weil er etwas vergessen hat.

Der Nebenbuhler

Jan kommt aufgeregt von der Schule nach Hause: „Ich wollte alle Kinder zu meinem Geburtstag einladen, weil sie meinen Tannenbaum sehen sollen und da haben sie gesagt, dass sie selbst einen Tannenbaum haben, trotzdem sie keinen Geburtstag haben. Und Martha hat gesagt, dass sie einen Tannenbaum haben, weil das Christkind geboren wurde und ich habe gesagt, dass wir einen Tannenbaum haben, weil ich geboren wurde, weil ich Geburtstag habe und dass meine Eltern keinen Tannenbaum für ein fremdes Kind kaufen würden Wo wohnt das Christkind überhaupt? Wo geht es zur Schule? Wie alt ist das Christkind? Ist es ein Junge oder ein Mädchen? Warum kaufen die Eltern vom Christkind nicht einen Tannenbaum? Lisa hat gesagt, weil die ganz arm sind und darum in einem Stall wohnen." Jan gerät immer mehr außer sich. Er ist sehr enttäuscht und die Mutter ist ratlos. Sie betrachtet es als großes Versäumnis, Jan nicht schon früher die Weihnachtsgeschichte erzählt zu haben, dann hätte sie ihm diese Erfahrung ersparen können. Wie soll sie ihrem Jungen jetzt, in seiner Verfassung erklären, dass das Christkind das berühmteste Geburtstagskind der Welt ist? Da wird er sich im Vergleich noch vernachlässigter fühlen, als es eh schon der Fall ist. Insofern versucht die Mutter, ihn vorerst mit der Antwort zu trösten, dass der Tannenbaum für beide aufgestellt und geschmückt wird, für ihn und das Christkind.

Am Abend berichtet die Mutter dem Vater von Jans Erlebnis und seinen Fragen dazu, und der Vater ist besorgt:" Also,

wenn der Junge meint, dass alle Weihnachtsbäume für ihn geschmückt werden, für ihn zu seinem Geburtstag, dann haben wir ein Problem!“ Die Eltern beschließen deshalb Jan in seiner Fantasie zu stören, im allzu eitlen Benehmen.
Als die Mutter Jan dann die Weihnachtsgeschichte erzählt, staunt er sehr über ein Ereignis, das sich vor vielen, vielen Jahren in einem fernen fremden Land zugetragen hat, reagiert aber nicht missgünstig über die weltweite Huldigung dieses Kindes, dessen Geburtstag überall zur Weihnachtsfeier wird. Doch es interessiert ihn schon, ob sein Geburtstag auch noch gefeiert wird, wenn er so alt ist wie das Christkind und ob der Tannenbaum bei der Oma auch für das Christkind ist und nicht für ihn. „Ja“, sagt die Mutter, „alle Tannenbäume werden für den Geburtstag des Christkindes aufgestellt, zu seiner Huldigung. Hast du denn angenommen, sie sind für dich, werden für deinen Geburtstag aufgestellt und geschmückt?“ Und Jan erklärt: „Alle, die einen Tannenbaum haben, haben auch jemanden, der Geburtstag hat, dachte ich. „Die Mutter ist heilfroh über diese Antwort und nimmt Jan in den Arm: „Auch wenn der Tannenbaum für das Christkind ist, die Geburtstagsgeschenke, die unter dem Tannenbaum liegen, sind alle für dich.“ „Und für wen sind die Weihnachtsgeschenke?“

Die geliehene Mutter

Im Seemannsheim werden jedes Jahr zu Weihnachten von den dort wohnenden Seeleuten Wunschzettel geschrieben. Diese Wunschzettel werden dann an eine Gruppe von Frauen weitergegeben, die nur aus diesem Grund zusammentreffen, um den Seemännern alle Jahre zu Weihnachten ihre Weihnachtswünsche zu erfüllen. In der Gemeinde, der sie angehören, wird für diese Aktion regelmäßig Geld gesammelt.
Von einigen, schon lange im Heim wohnenden Seeleuten sind die Weihnachtswünsche bekannt. So wünscht sich der alte struppige Hans, wegen seiner dicken roten Nase auch 'Knolle' genannt, wiederholt zum Fest eine Buddel Rum, „als Arznei", wie er betont. Aber selbst als derart deklarierter Zaubertrank darf Alkohol im Heim nicht getrunken werden. Und deshalb bekommt er wiederkehrend Hemd und Socken, Sachen, die er dann in Begehrenswerteres, wie zum Beispiel Tabak, eintauscht. Der 'Käptn', so genannt, weil er seine Mütze nur beim Essen absetzt, baut kleine Schiffe, die er in Glasflaschen schiebt und als Souvenir an Gäste im Heim verkauft. Auch er wünscht sich immer das Gleiche, nämlich Material für sein Hobby. Genauso Jan, der Älteste von den Langzeitbewohnern. Er bekommt jedes Jahr zu Weihnachten zusätzlich zu anderem Bedarf, einen Kasten Pralinen, den schenkt er dann seiner Tochter, die ihn von weit her besuchen kommt. Andere Langzeitbewohner wiederum haben jedes Jahr einen anderen Weihnachtswunsch und wiederum andere Seeleute, meist solche, die sich nur vorübergehend im Heim aufhalten, die Feier-

tage über, oft jüngere, fremdsprachige, haben teilweise recht exotische Wünsche.
Doch so gut wie möglich werden auch diese erfüllt.
Aber in diesem Jahr bereitet der Wunsch eines jungen Seemanns den Frauen Kopfzerbrechen. Er hat ihn in englischer Sprache verfasst. Beim Übersetzen des Textes wissen die Frauen nun nicht, ob es an der Übersetzung oder an der Art der Wunschformulierung oder aber am Wunsch selbst liegt, weshalb sie ihn nicht entziffern können. Obwohl mit klarer Schrift notiert ist:

> *Zum Heiligen Abend wünsche ich mir etwas, das jeder hat. Und obwohl er es hat, kann er es vermissen. Es ist überall, auch wenn es weit weg ist, und viele haben es und sind es auch gleichzeitig.*

Doch schließlich sind die Frauen sich einig. Der Junge Seemann wünscht sich eine Mutter zu Weihnachten. Die Mutter symbolisiert vor allem für Seeleute die Heimat, das Nachhausekommen, und diesem Gefühl möchte der Schreiber am Heiligen Abend so nah wie möglich sein. Aber wie sollen die Frauen eine Mutter finden, die Heiligabend nicht mit ihrer Familie verbringen möchte und überhaupt? Trotz aller Bedenken kleben sie schließlich einen Aushang an die große Kirchentür, worauf steht: Leihmutter für Heiligabend für das Seemannsheim gesucht. Die Resonanz ist wider Erwarten groß. Da melden sich Kinder, die ihre Mutter für einen guten Zweck ausleihen wollen. Familien werden vorstellig, die beschlossen haben, den Heiligen Abend vormittags zu feiern oder die Bescherung auf den ersten Feiertag zu verlegen, damit die Mutter abends ins Seemannsheim gehen kann. Auch Frauen, die keine Mütter sind, bewerben sich und Mütter, die Weihnachten allein sind.

Und so ist es das erste Jahr Heiligabend und es folgen noch viele weitere Heiligabende, an denen die festlich gedeckte Tafel im Seemannsheim doppelt so groß ist wie die Zahl der dort wohnenden Seeleute. Weil neben jedem Seemann ein Tischgedeck frei ist, denn neben jeden Seemann wird sich eine Mutter setzen.

Die Verabredung

Das Schaukelpferd müsste noch auf dem Boden stehen. Verstaubt, wie alles Unbewegliche. Jedenfalls gab es die vielen Jahrzehnte keinen Grund, es von dort herunterzuholen. Warum eigentlich nicht? Genügend Kinder sind im Haus groß geworden. Doch inzwischen sind alle erwachsen und lassen sich von keinem Schaukelpferd mehr aufhalten. Aber er könnte es für die nächste Generation herrichten. Morgen wird er es vom Boden abholen. Abholen? Schaukelpferde warten nicht. Aber er, täglich auf den Bus, der ihn zur Arbeit bringt und wieder zurück, zwischendurch an der Kasse im Supermarkt, manchmal auf Post, oft auf gutes Wetter, gelegentlich beim Friseur oder in einer Arztpraxis. Aber samstags wartet er immer auf sie. Heute ist Samstag. Aber heute ist auch Heiligabend.

Der Vater hatte das Schaukelpferd von einem Arbeitskollegen erstanden, im Tausch gegen ein Fahrrad, sein Fahrrad, denn er sollte es zu Weihnachten geschenkt bekommen. Es war ein Damenfahrrad und er war der einzige von den Geschwistern, der mit seinen langen Beinen vom Sattel aus, die Pedalen erreichen konnte. Es war ein gebrauchtes Fahrrad. Alles war gebraucht damals. Es war die Zeit des Strümpfestopfens, des Aufrubbelns, des Säumeverschiebens, aus Stoffresten wurde Meterware gemacht. Also nichts besonderes zu der Zeit, ein gebrauchtes Fahrrad zu bekommen. Hingegen überhaupt ein Fahrrad zu bekommen schon. Auch das Schaukelpferd war gebraucht. Es war ein Freimarktspferd. Und bevor es in ihre Stube kam, waren schon viele Kinder darauf im Kreis geritten, um die ganze Welt herum, an winkenden Eltern vorbei. Es hatte gierige aufgeblasene Nüstern und wehende Holzlocken und große schwarze feurige Augen. Die zierlichen Hufen hingen auf dünnen Beinen in der Luft, simulierten galoppierende Bewegungen. Als kleiner Junge hatte er sich immer gewundert, weshalb die Pferde auf dem Karussell den anderen Tieren nicht davongalloppiert sind, dem Elefanten zum Beispiel oder dem Huhn.

Die Mutter war mit dem Tausch nicht einverstanden. Doch der Vater hatte sie vor die vollendete Tatsache gestellt und sie ließ sich schließlich überzeugen, weil so ein Schaukelpferd ein Weihnachtsgeschenk für alle ist, und als Spielzeug die Erwartungen der Kinder weit übertreffen würde, also ein ganz besonderes Weihnachtsgeschenk. Außerdem würde dadurch die Belastung der Beschaffung und Finanzierung weiterer Geschenke für die Kinder entfallen. Unter dieser Voraussetzung könnten die Vorbereitungen auf das Fest entsprechend entspannter angegangen werden, als in den Vorjahren. Für die Kinder jedoch unmerklich, denn die Mutter nähte immer und der Vater kam immer spät von der Arbeit nach Hause.

Wie konnte der Vater nur ein Schaukelpferd daraus machen? Die Stellung der Beine wie überhaupt ihre Beschaffenheit, war für eine Schaukelvorrichtung nicht geeignet. Aber sie haben darauf geschaukelt, er kann sich gut daran erinnern. Sie konnten sogar zu dritt darauf sitzen, was die Wartezeit verkürzte. Trotzdem gab es Streit um die Sitzordnung und deshalb verfasste Heiner eine Schaukelordnung, wobei er sich als Organisator jeweils eine Extraschaukeleinheit genehmigte. Nur er, Martin war ausgeschlossen von diesem Plan, denn wie es sich zeigte, waren seine Beine zu lang, trotz

verstellbarer Steigbügel, um auf dem Pferd schaukeln zu können. Er war nicht der älteste von den Geschwistern, aber der längste, was nie ein Vorteil im Toleranzgefüge der elterlichen Obhut war. Zwar musste er nicht die Kleidung der Geschwister auftragen, aus der sie herausgewachsen waren. Dafür passte er längst schon nicht mehr auf den Schoß der Mutter oder konnte des Vaters Kind huckepack sein. Und nun bekamen sie ein Schaukelpferd, ein Geschenk, für das seine Beine zu lang waren, getauscht gegen ein Geschenk, das er genau deswegen bekommen sollte.
Dermaßen unbeteiligt am weihnachtlichen Erleben der anderen, spürte er erstmalig die Armut um ihn herum, die Enge, in der sich alles vollzog. Bislang waren die Anregungen des Alltags für einen Jungen seines Alters zu ausgeprägt, um sich auf solche Auffälligkeiten zu konzentrieren. Aber das Schaukelpferd hatte die Perspektive verändert. Es stand da, wo sonst der Tannenbaum aufgestellt war. Die Tanne als erschwingliche Weihnachtsdekoration war immer recht groß ausgefallen, dementsprechend beherrschte sie den Raum und war gleichzeitig für die Weihnachtsstimmung verantwortlich, die ihm jetzt fehlte. Denn aus Platzmangel hatten sich die Eltern für einen kleinen Baum entschieden, der nun auf einer Anrichte in der Zimmerecke stand. Ziemlich verloren, wie er fand, und entsprechend prägend für das Bild in seiner Gesamtheit. Ein Umstand, der ihn fortan bewusster auf die Umgebung seines Lebens schauen ließ. Von da an konnte auch die Fürsorge der Eltern die äußere Not nicht mehr verdecken, und sie war für ihn nur mit der Hoffnung zu ertragen, sie zu überwinden. Und das bedeutete, sich zu sehnen. Mit der Sehnsucht wuchs ein Verantwortungsgefühl, das sich im Verzicht etablierte, so wie die Eltern es vormachten und Stolz, ihr stiller Verbündeter zu sein.

Das Haus hat er inzwischen umgebaut, nach seinen Bedürfnissen und denen seiner Familie. Wände herausgerissen, auch die zu Mutters Nähstube. Schaukelpferd und Tannenbaum, für beide wäre jetzt Platz genug. Auch die obere Etage hat er ausgebaut, samt dem Boden. Aber wo war das Schaukelpferd geblieben? Es hätte gar nicht durch die kleine Luke zum Boden gepasst und es war auch gleich nach Weihnachten wieder verschwunden. Gegen Kartoffeln oder Kohlen eingetauscht? Nein, gegen ein Fahrrad, gegen dieses Fahrrad, mit dem nur er fahren konnte!

Und es war auch kein Schaukelpferd. Wie auf dem Karussell war es durch einen stabilen Stab, der aus seiner Bauchmitte ragte, fest auf dem Boden in der Stube verankert. Allerdings ohne Stromkabel, die durch diesen Stab führten und auf dem Karussell so für die elektrische Schaukelbewegung sorgten. Insofern waren es die Geschwister, die sich wie Reitende auf dem Pferd hin und her bewegten und damit Schaukelbewegungen nachahmten.

Er sieht aus dem Fenster. Es schneit. Wenn sie kommt, dann wohl nicht mit dem Fahrrad. Jeden Samstag im Wechsel holen sie sich gegenseitig für Unternehmungen ab. Es bedarf keiner Verabredung mehr, so sehr ist diese Vereinbarung inzwischen Bestandteil ihrer Beziehung. Aber gilt das auch für heute, für Heiligabend? Sie haben sich nicht darüber ausgetauscht. Wenn sie heute kommt, dann werden sie ein Leben lang verabredet bleiben, das weiß er.

Ein besonderes Geschenk

Ein Feierabendbier in der Kneipe, Männer unter sich. „Ich weiß gar nicht, was ich Sylvia zu Weihnachten schenken soll, auch zu ihren Geburtstagen stehe ich vor diesem Problem. Sie hat doch alles, sie braucht nichts, sagt sie selbst. Was schenkt ihr denn so euren Frauen?" fragt Heiner die anderen. „Dieses Jahr Weihnachten muss ich mir über ein Geschenk nicht den Kopf zerbrechen", freut Thomas sich. „ Die Waschmaschine ist kaputt und ich schenke Brigitte eine neue, die hat sie schon. Aber sonst geht es mir ähnlich wie dir." „So haben wir das auch gemacht, Petra braucht einen neuen Staubsauger und das ist gleichzeitig ihr Weihnachtsgeschenk. Das ist sehr praktisch", findet Peter. „Ich schenke meiner Frau immer Geld zu Weihnachten, damit sie sich etwas kaufen kann und sie hatte bisher keine Einwände gegen diese Praxis", erzählt Bernd. Und Holger meint: „Ich habe auch eine Dauerlösung gefunden, ich schenke Erika zu Weihnachten und zu den Geburtstagen immer kleine Urlaubsreisen", und fügt hinzu: „Frauen haben das da ja leichter, wenn denen nichts einfällt, Hemd und Socken passen immer." „Hannelore und ich haben schon überlegt, ob wir uns überhaupt noch etwas schenken sollen, egal ob zu Weihnachten oder zu den Geburtstagen", bringt Gerd es auf den Punkt. Und Reiner findet: „Es ist immer schwer ist, Frauen zu beschenken, egal zu welchem Anlass. Erstens soll es möglichst eine Überraschung sein und zweitens wird es sowieso wieder umgetauscht." In der Zustimmung lautes Gelächter reihum. Nur Hans äußert sich nicht. „Und was schenkst du deiner Frau zu Weihnachten, Hans?" „Ich schenke ihr meine Zeit." „Deine Zeit?" „Ja, ich schenke meiner Frau zu Weihnachten meine Zeit." „Und was schenkt sie dir so?" „Ihre Freude darüber." „Ihre Freude darüber?" Und plötzlich wird es ganz still in der robusten Männerrunde.

Ein herzloser Weihnachtsmann

Tine wünscht sich vom Weihnachtsmann einen Tisch und Stühle drum herum. Daran will sie dann mit ihren Puppenkindern sitzen und essen, so wie Erwachsene das machen. Und dieser Tisch mit den Stühlen drum herum beschäftigt Tine und sie sagt zur Mutter: „Ich habe zwei Beine und kann damit gehen und hopsen und springen und der Tisch hat vier Beine und kann das nicht.“ „Ja“, antwortet die Mutter, mit vier Beinen müsste man eigentlich alles doppelt so gut können als mit zwei, und wenn das nicht geht, dann sind es vielleicht gar keine Beine.““Und warum heißen sie dann so?“ will Tine nun wissen. „Weil sie wie Beine aussehen“, erklärt die Mutter und fügt hinzu: „Hühneraugen können auch nicht sehen und heißen trotzdem so, weil sie wie Hühneraugen aussehen.“ „ Hühneraugen? Solche wie die Oma sie hat, und darum sie ohne Schuhe geht wenn ihr die Füße wehtun?“ fragt Tine nun und ergänzt ihre Überlegungen: „Ein Huhn kann laufen und der Tisch kann nicht laufen. Warum kann das Huhn laufen und der Tisch nicht?“ „ Weil das Huhn lebendig ist und alles, was lebendig ist, kann laufen.“ „Und warum ist das Huhn lebendig und der Tisch nicht?“ Die Mutter sieht inzwischen ein, dass sie mit ihrem Vergleich ein Gespräch mit Tiefgang ausgelöst hat, auf das sie nicht vorbereitet ist und versucht deshalb, mit einer knappen Antwort das Thema vom Tisch zu kriegen – im wahrsten Sinne des Wortes: „Weil das Huhn ein Herz hat und der Tisch nicht.“ Aber, wie zu erwarten, ist diese Antwort nicht geeignet, um ihre Hoffnungen zu erfüllen, denn Tine will jetzt wissen: „Wieso hat das Huhn ein Herz und der Tisch nicht?“ Die Mutter weiß sich nicht anders zu helfen, als da wieder anzufangen, wo alles begonnen hat „Weil er nicht laufen kann“, ist daher ihre spröde Antwort. Aber weil Tine jetzt wissen will, ob der Tisch laufen könnte, wenn er so ein Herz wie das Huhn hätte, wird die Mutter plötzlich ganz matt. Doch zum Glück nimmt das Gespräch nun einen sehr praxisbezogenen Verlauf. Denn ohne eine Antwort abzuwarten, konzentriert Tine sich auf einen Schokoladenweihnachtsmann in der Obstschale auf dem Tisch und fragt: „Dieser Weihnachtsmann kann nicht laufen, weil er kein Herz hat?“ Die Mutter ist heilfroh, bedenkenlos einfach nur „ja“ sagen zu können. „Und deshalb kann er auch nicht weglaufen.“ zieht Tine Bilanz. Und so, als wolle sie ihre neue Erkenntnis demonstrieren, nimmt sie sich den Schokoladenweihnachtsmann aus der Schale und die Mutter sieht ihr zu, wie sie den herzlosen Genuss aus dem Papier wickelt und Stück für Stück mit krachenden Geräuschen zerkaut. Tine ist zufrieden und die Mutter auch. Obwohl Letztere befürchtet, dass Tine den Weihnachtsmann, der Heiligabend zur Bescherung kommt fragen könnte, ob er sein Herz von einem Huhn hat und wie schnell er laufen kann.

Ein Streich

Dieses Jahr zu Weihnachten wird sie endlich umsetzen, was sie sich schon seit vielen Jahren vorgenommen hat: Sie wird Weihnachtspäckchen an ihre Geschwister verschicken.
Und damit genügend Zeit für die Verwirklichung ihrer hiermit verbundenen Botschaft an die Geschwister bleibt, schickt sie die Päckchen bereits in den ersten Dezembertagen ab.
Fünf Geschwister hat sie und zu keinem Kontakt mehr seit vielen Jahren. Alle wohnen verstreut und mit der äußeren Trennung kam auch mehr und mehr die innere. Nur Rolf ruft gelegentlich an oder schickt eine Karte aus dem Urlaub, aber sonst gibt es auch da kaum noch Berührungspunkte. Dabei ist diese Entwicklung unverständlich, schließlich haben sie ihren wichtigsten Lebensabschnitt, die Kindheit, gemeinsam verbracht. Und jetzt sind sie sich fremder als Nachbarn. Als die Eltern noch lebten, fand gelegentlich ein Austausch statt, aber seitdem? Obwohl es sicher genügend Anlässe gibt, um sich im Schicksal des anderen wiederzufinden, so wie früher bei gemeinsamen Streichen und gemeinsamen Geheimnissen und den Sonntagsausflüge mit den Eltern. Sie kann sich noch gut daran erinnern, als Rolf bei so einem Streifzug durch die Natur Gänse ärgerte und die ganze Schar plötzlich hinter ihm herwippte und an seinen Hosenbeinen zog. Und Rolf, obwohl schon viel zu groß für derartige Anhänglichkeiten, schnurstracks mit einem kühnen Sprung beim Vater in den Armen landete, um sich vor der schnatternden Gefahr zu retten. Und oft kamen sie beim Wandern nicht vom Fleck, weil sich die

Fortbewegung erheblich durch Inges Bedürfnis, sich zu verstecken, verzögerte. Und wehe, sie wurde nicht gesucht, dann blieb sie verschwunden. Verzögerungen gab es auch durch Mariannes Vorliebe für Schmetterlinge. Allen tanzte sie hinterher. Auch Helgas Interesse für Essbares war als Zeitverlust zu kalkulieren. Überall dort, wo etwas abgepflückt und in den Mund gesteckt werden konnte, verweilte sie andächtig. Und hätte der Vater nicht zwischendurch eine Art Wettlauf verordnet, dann wären sie selten weitergekommen, als eben nur bis zum nächsten Versteck, Busch oder Schmetterling. So gab es vieles, was die Kindheit zur Kindheit machte und zur bleibenden Erinnerung. Unvergessen auch die Adventszeiten und besonders hier der Heilige Abend ohne Tannenbaum. Die Eltern hatten die Idee, anstatt einen Baum zu kaufen, die Tanne im Garten vor dem Balkonfenster zu schmücken. Aber der Schnee ließ sie bald in einer konturlosen Winterlandschaft verschwinden und mit ihm auch das Weihnachtsgefühl. Deshalb wurde gemeinsam beschlossen nach den Weihnachtsfeiertagen noch eine Tanne für die Stube zu besorgen, die dann von den Kindern geschmückt werden durfte, was seltsam still und einvernehmlich geschah. Solche Erinnerungen sind in der Adventszeit besonders ausgeprägt. Und deshalb sollen sich alle Geschwister wieder um einen Tannenbaum treffen, zum Austausch von Erlebnissen, vergangener und gegenwärtiger.
Da klingelt auch schon das Telefon. Inge ist die Erste, die anruft. Inge, die Jüngste und die Frechste. Sie war die, an der die Eltern Erziehungsfehler korrigierten, als Ergebnis der fünf vorangegangenen Modelle. Mit dem Fazit, dass Inge allen auf der Nase herumtanzte. „Danke für das Weihnachtspäckchen. Aber die Nussnougatschokolade kann ich nur noch in Diabetikerform genießen. Trotzdem, erstaun-

lich, dass du nach so langer Zeit noch meine Lieblingsschokolade kennst. Es hat sich viel ergeben inzwischen, aber die Fenster putze ich immer noch mit Zeitungspapier und für selbstgebastelten Modeschmuck kann ich mich ebenfalls noch begeistern. Ich betreibe sogar inzwischen einen kleinen Handel damit. Weshalb also schickst du mir ein Handbuch über Modelleisenbahnen?
Wann sehen wir uns?“
Dann ruft Helga an. Helga ist nur ein Jahr jünger als sie. Helga zog als Erste von den Mädchen bei den Eltern aus. Sie ergänzten sich gut in den Herausforderungen eines Kinderalltags über unausgesprochene Vereinbarungen, resultierend aus ihrer Vertrautheit. „Wir haben eine neue Adresse, wohnen seit längerem in einem eigenen Häuschen, trotzdem hat uns dein Päckchen erreicht. Vielen Dank! Aber Zimtsterne esse ich immer noch gern, ebenso wie Mandarinen. Was ich allerdings mit einer Briefmarkensammlung soll, weiß ich nicht. Wie geht es dir? Besuch uns doch mal.“
Als nächster meldet Gerd sich. Er ist der Älteste von den Geschwistern. Er musste oft auf die Kleineren aufpassen, wenn die Eltern nicht da waren. An ihm wurden Streiche ausprobiert, die man sich bei Vater und Mutter nicht traute. Geduldig hat er sie ertragen und gepetzt hat er auch nie. Ein Gutmütiger der Gerd. Er blieb unverheiratet. „Danke für dein Weihnachtsgeschenk. Ich stopfe mir immer noch mein Pfeifchen und Sammler bin ich ebenfalls geblieben, aber Briefmarkensammler und kein Modeschmuckfan. Da hast du wohl etwas verwechselt. Was machst du so? Hast du etwas von den anderen etwas gehört? Ich denke oft an euch.“
Schließlich ruft Rolf an. Er ist zum zweiten Mal verheiratet. Rolf, der andere große Bruder, der alles reparieren konnte.

Puppenbeine einrenken, Teddybärohren annähen, Roller wieder mobil machen und Tränen trocknen. „Danke für die CD und den Bremer Klaben. Aber mit dem Handbuch für Gartenfreunde werde ich auf unserem Balkon wohl kaum einen Apfelbaum pflanzen können. Ist nicht Marianne unsere Hobbygärtnerin? Wie geht es dir? Lass uns in Kontakt bleiben.

Als Letzte meldet sich Marianne. Die Älteste von den vier Mädchen. Sie lebt wieder allein, das hat Rolf ihr mal erzählt. An Marianne ist etwas rätselhaftes und die Verehrer damals standen Schlange vor der Tür, aber sie ließ sich nicht davon beeindrucken. Die jüngeren Schwestern trugen gern ihre Kleider auf, weil sie auch so schön und stolz wie Marianne aussehen wollten. „Sehr aufmerksam von dir, mir Wolle und Strickmuster zu schicken, aber war nicht Helga unsere Strickliesel? Hast du da etwas vertauscht? Danke für die edle Teemischung und den Krimi. Geht es dir gut? Wann treffen wir uns? Lass uns etwa vereinbaren."

Ja, sie hat etwas vertauscht, absichtlich verwechselt. Das ist ihre Botschaft an die Geschwister. Und deshalb treffen sich nun alle bei ihr, unter einem noch ungeschmückten Tannenbaum, um die Geschenke auszutauschen und vieles mehr. Eben alles das, was sich zum Wiedererkennen nach so vielen Jahren eignet.

Entscheidungsprozess

„Hat Anna eigentlich schon ihren Wunschzettel geschrieben?“ fragt der Vater. „Nein,“ antwortet die Mutter. „Das wundert mich“, meint der Vater daraufhin, „denn seitdem sie schreiben kann und das Konsumverhalten ihrer Mitschülerinnen übernommen hat, verfasst sie doch laufend Wunschzettel.“ „Schon“ bestätigt die Mutter, „aber das waren Wunschzettel für Ostern und zu ihrem Geburtstag.“ „Und was wünscht sie sich nun zu Weihnachten?“ „Nichts.“ „Nichts?“ „Ich habe sie gefragt und da hat sie „nichts“ gesagt. Und dann habe ich sie nach den Gründen gefragt und sie hat erzählt, dass die Kinder in der Schule sagen, es gebe keinen Weihnachtsmann. Und jetzt geht sie davon aus, dass wenn es keinen Weihnachtsmann gibt, dann gibt es auch keine Weihnachtsgeschenke.“ „Haben die Kinder ihr nicht auch erzählt, dass die Eltern die Geschenke kaufen?“ „Ja, aber das will sie nicht glauben.“ „Und weshalb will sie das nicht glauben?“ „Weil sie der Auffassung ist, der Weihnachtsmann würde ihr ein Handy schenken und wir nicht.“ „Ach so, na da liegt sie ja mit ihrer Einschätzung, was uns betrifft, richtig“, betont der Vater. „Und dann hat sie noch gesagt, wenn sie ein Handy bekommt, dann gibt es einen Weihnachtsmann und wenn nicht, dann hätten wir sie die ganzen Jahre belogen.“ „Und nun?“ Der Vater wirkt ratlos. „Nun schenken wir ihr ein Handy“, schlägt die Mutter vor. Aber damit ist der Vater nicht einverstanden: „Dann missachten wir einen wichtigen Grundsatz unserer Erziehung, nämlich konsequent in Verboten zu sein.“ „Wir können konsequent bleiben, wenn der Weihnachtsmann Anna ein Handy schenkt." „Aber dann lügen wir." „Genau." „Wenn wir also lügen und inkonsequent sind, dann könnte Anna theoretisch zwei Handys bekommen, eines von uns und eines vom Weihnachtsmann." „Ja", bestätigt die Mutter, und merkt an: „Aber wenn Anna nicht wenigstens ein Handy bekommt, dann könnte sie die Einzige in der Klasse sein, die keins hat und deshalb ausgeschlossen werden."

Schließlich einigen sich die Eltern darauf, Anna ein Handy zu schenken, und ihr die Wahrheit zu sagen. Allerdings auch nur deswegen, weil wenn sie weiterhin lügen und konsequent bleiben würden, Anna von der Klasse trotzdem ausgeschlossen werden könnte, weil sie eben wohl auch dann die Einzige ist, die es noch vom Weihnachtsmann bekommen hätte.

Erkenntnisstand

Sina geht zum Vater. Der sitzt im Wohnzimmer an seinem Computer. Ihre Arme hat sie hinter ihrem Rücken versteckt. In ihren Händen hält sie ein selbstgemaltes Bild. Der Vater dreht sich zu ihr, als sie ihn fragt „Kann der Weihnachtsmann lesen?“ „Sicher kann der Weihnachtsmann lesen, er muss doch die ganzen Wunschzettel lesen können, die ihm die Kinder zu Weihnachten schicken.“ „Kann der Weihnachtsmann gut lesen?“ „Bestimmt, das heißt, er ist ein alter Mann mit einem langen weißen Bart und wahrscheinlich braucht er eine Brille zum Lesen.“ „Und wenn er die Brille verliert?“ „Er hat für solche Fälle bestimmt eine Zweitbrille.“ „Wenn der Weihnachtsmann gut lesen kann, dann kann er auch die Fehler lesen?“ „Sicher, aber auf Fehler achtet der Weihnachtsmann nicht.“ “Und wenn ein Kind viele Fehler macht, weiß der Weihnachtsmann dann trotzdem, was ein Kind sich wünscht?“ „Der Weihnachtsmann ist so geübt im Wunschzettellesen, dass er auch bei fehlerhaftem Schreibstil erkennt, was das Kind sich wünscht. Durch seine lange Erfahrung wird er inzwischen ein Experte im Entschlüsseln von Wunschzetteln sein. Aber du kannst ihm auch ein Bild malen.“ „Ich habe ihm ein Bild gemalt.“ „Und?“ „Ich habe das Bild Key gezeigt und der hat gesagt, das ist ein Teddybär. Und dann habe ich das Bild Marga gezeigt und die hat gesagt, das ist ein Affe. Und die Lehrerin hat gesagt, das ist ein Pferd. Und Mama hat gesagt, das ist ein Kamel. Papa, was meinst du, was das ist?“ Sina holt das Blatt erwartungsvoll hinter ihrem Rücken hervor und zeigt es dem Vater. Der sieht es sich ganz genau an und meint schließlich: „Also, das ist eindeutig kein Teddy und auch kein Affe und erst recht kein Pferd und vor allem kein Kamel, sondern ein feuerspeiender Drache.“ Er lobt das Kind, weil es so schön malen kann. Er lobt es sehr, sozusagen als Entschädigung für die ertragenen Fehlinterpretationen. Aber gerade deswegen ist Sina ziemlich beleidigt und nimmt dem Vater das Bild aus der Hand und versteckt es wieder hinter ihrem Rücken. Und kommentiert maulend dieses fruchtlose Ergebnis ihrer Meinungsumfrage, als Bedürfnis nach einvernehmlicher Lebenserfahrung nachdrücklich:“ Ich hoffe, wenigstens der Weihnachtsmann erkennt, dass ich mir zu Weihnachten einen Hamster wünsche!“

Erpressung

Carolin hat eine Frage und geht zur Mutter in die Küche: „Wenn der Weihnachtsmann vom Himmel kommt, um die Kinder zu beschenken, wo fängt er dann an?" „Du meinst, wer zuerst ein Geschenk bekommt?" „Ja". „Die artigsten Kinder natürlich", antwortet die Mutter, so wie Mütter bei solchen oder ähnlichen Fragen immer antworten. Aber Carolin will es genauer wissen: „Bei den artigsten Kindern in welchem Land?" „Da, wo die Sonne zuerst aufgeht." „Und wo ist das?" „Ich glaube in Asien, ganz weit weg jedenfalls." „Da kriegen die Kinder also zuerst ihre Weihnachtsgeschenke?" „Ja, und vorrangig die Artigen." „Und die anderen müssen noch warten?" „So ist es." „Und wenn der Weihnachtsmann mal ein Geschenk aus Versehen falsch verteilt?" „Das wird wohl kaum vorkommen." „Aber es kann doch vorkommen, dass ein Kind in Asien aus Versehen mein Fahrrad zu Weihnachten bekommen hat?" „Vielleicht hast du kein Fahrrad bekommen, weil du eins hast." „Aber ich wollte doch ein Größeres haben." „Vielleicht hat der Weihnachtsmann gedacht, dass du für ein größeres Fahrrad noch zu klein bist." Carolin bleibt hartnäkkig: „Jetzt bin ich aber bestimmt groß genug dafür und was macht nun der Weihnachtsmann, wenn er so ein Geschenk falsch verteilt hat? Und damit Carolin vom Weihnachtsmann nicht enttäuscht ist, weil sie ihn bei derartigen Überlegungen als einen schusseligen Gesellen erfährt, bleibt der Mutter nichts anderes übrig, als ihr für dieses Jahr die Erfüllung ihres Wunsches zu bestätigen. „Hoffentlich", entrüstet Carolin sich nun, „denn wenn ich jetzt wieder kein neues Fahrrad bekomme, dann glaube ich, macht er das extra."

Gardinenpredigt

„Elisabeth wünscht sich von uns zu Weihnachten eine Sprechpuppe."
„Die zu finden kann nicht schwer sein."
„Doch."
„Wieso?"
„Sie möchte keine Puppe, die Mama sagt."
„Sondern?"
„Papa."
„Das ist doch egal, ob Papa oder Mama."
„Das ist eben nicht egal, denn Papas sind meistens nicht zu Hause und wenn, dann rufen sie selbst ständig nach der Mama."
„Wie meinst du das?"
„Dass ihr Männer nur die Frauen tauscht und sonst bleibt alles beim Alten, im Sinne von unveränderlich."
„Wie, du meinst, dass Männer sich seit ihrer Kindheit nicht verändert haben?"
„Ja, ihr bleibt abhängig."
„Aber unsere Socken ziehen wir uns inzwischen selbst an."
„Doch auch nur deshalb, weil wir Frauen sie für euch waschen, sortieren und griffbereit in den Schrank legen".
„Wir kümmern uns um den Tannenbaum."
„Einmal im Jahr."
„Das können wir auch öfter machen."
„Weihnachten ist nur einmal im Jahr."
„Und was können wir dafür?"

„Und ständig sucht ihr nach Ausreden, da seid ihr richtig erfinderisch, auch typisch Mann."
„Wieso sollen wir uns dafür entschuldigen, dass Geburtstage nur einmal im Jahr gefeiert werden?"
„Sage ich doch, jeder Vorwand ist euch recht, um nicht selbstständig zu werden."
„Nun übertreibst du aber."
„Ich übertreibe, und zwar so lange, bis du begreifst, dass Verantwortung da beginnt, wo etwas fehlt."
„Nämlich?"
„Saubere Socken oder eben Puppen, die nicht nach der Mama rufen können."

Geduldsprobe

Die Mutter will den Tannenbaum schmücken und Tom darf ihr dabei helfen. Und er ist ganz verrückt danach, all die glitzernen und bunten Sachen in den vielen Kartons, die er mit der Mutter vom Boden geholt hat, anzugucken und anzufassen. Mit großer Wonne kramt er darin herum und sucht behutsam heraus, was er in den Baum hängen möchte. Die Mutter beobachtet ihn dabei und ist erstaunt über sein strategisches Vorgehen. Was bewegt ihn beim Aussuchen? Welche Kriterien sind handlungsleitend? Still und mit großer Hingabe und erst nach ausführlicher Begutachtung entscheidet Tom sich schließlich für einen Strohstern, den er gelassen aus einer Menge ineinandersteckender Strohsterne herausfummelt, um ihn dann ehrfürchtig am Baum anzubringen. So macht er es nach und nach auch mit anderem Tannenbaumschmuck. Sorgfältig hängt er nebeneinander, was seiner Ansicht nach passt, hängt wieder um, wo er Disharmonie empfindet, legt zurück, wo er sich noch nicht schlüssig ist. Und alles befestigt er in seiner Augenhöhe. Aber dann sind die Kartons leer. Und Tom fängt an zu schimpfen und verzieht sich schließlich maulend in seinem Zimmer. Die Mutter versucht ihn abzulenken. Aber sie kann nichts finden, was Tom jetzt lieber tun würde als den Tannenbaum weiter zu schmücken. Und weil sie keinen unglücklichen Jungen haben möchte, vor allem nicht am Heiligen Abend, beschließt sie, allen von ihr bereits aufgehängten Tannenbaumschmuck wieder abzunehmen und zurück in die

Kartons zu verteilen, damit Tom sie erneut in den Baum hängen kann. Nun ist er wieder zufrieden. Als dann der Vater vom Einkaufen nach Hause kommt, schmückt Tom immer noch den Tannenbaum. Und wenn er das so lange macht, wie herumliegender Weihnachtstannenbaumschmuck zur Verfügung steht, dann ist das noch ziemlich lange.

Inzwischen können sich die Eltern in Geduld üben und an den Anblick des Tannenbaums gewöhnen, der oben ganz kahl ist und unten proppevoll behängt. Und sich damit abfinden, dass Tom lieber den Tannenbaum schmückt, als sich mit Weihnachtsgeschenken überraschen zu lassen. „Er ist wie du", sagt die Mutter zum Vater, „eigensinnig." „Nein", korrigiert der Vater, „wie du, penibel und im Übrigen bin ich nicht eigensinnig, sondern kreativ." „Und ich bin nicht penibel, sondern sorgfältig", dementiert die Mutter. Letztlich einigen sie sich auf penible Sorgfalt und eigensinnige Kreativität als vorherrschend ererbte Charakterzüge des Jungen. Und darauf, dass Tom seinen Eltern niemals vorwerfen kann, er habe nicht den Tannenbaum schmücken dürfen.

Geheimnisträger

Katharina und Sarah sind dicke Freundinnen. Und wie das so ist bei dicken Freundinnen, haben sie Geheimnisse miteinander. Eines dieser Geheimnisse ist ihr Geschenkewunscherfüllungsgeheimnis.
Sie haben nämlich herausgefunden, dass ihre Weihnachtswünsche problemlos von den Eltern erfüllt werden, wenn sie dabei jeweils auf die Freundin verweisen. Zwar sagen sie dann, wenn sie diese Technik anwenden, nicht die Wahrheit. Sie lügen also. Allerdings handelt es sich um eine Notlüge, und Notlügen sind erlaubt, wie sie finden. In diesem Fall nämlich die Not einen Wunsch erfüllt zu bekommen.
So wünscht Katharina sich in diesem Jahr zu Weihnachten ein Trampolin, und zwar genau so eines, wie ihre beste Freundin Sarah hat. Und Sarah wünscht sich in diesem Jahr ein Playmobil Puppenhaus und zwar genau so eines, wie ihre beste Freundin Katharina hat. So erzählen sie es jedenfalls ihren Eltern, dass ist ihre Strategie.
Und die funktioniert deshalb so hervorragend, weil Eltern immer nur das Beste für ihre Kinder wollen, und zum Beispiel auch solche seelischen Schäden von ihnen abwenden, die durch Benachteiligung entstehen können.
Aber Weihnachten nun, an Heilig Abend, wundert Katharina sich, dass anstatt eines Trampolins ein Playmobil Puppenhaus für sie unter dem Tannenbaum liegt. Und worüber wundert sich Sarah wohl? Da sind ihnen die Eltern also auf die Schliche gekommen. Aber weil die Eltern nach wie vor nur das Beste für ihre Kinder wollen, zumal wenn es sich um

eine Ungerechtigkeit, wie in diesem Fall der besten Freundin gegenüber handelt, können die Kinder sicher sein, dass ihre Geschenkewunscherfüllungsmethode weiterhin Erfolg haben wird, sogar ohne Lügen. Sie brauchen sich künftig einfach nur dasselbe wünschen.

Und sie wissen auch schon was: ein Handy.

Tochter Ines soll Weihnachten einen Wunsch erfüllt bekommen, den sie seit langem unaufhörlich zu gegebenen Anlässen äußert. Trotz ihrer Ausdauer wurde ihr der Wunsch bislang aber nicht erfüllt, weil die Mutter der Auffassung ist, dass so ein Spielzeug keine sinnvolle Beschäftigung für Heranwachsende ist. Schließlich aber lässt sich die Mutter überreden, weil sie erkannt hat, dass ein so genannter Gruppenzwang eine derartige Anschaffung erforderlich macht. Denn alle Freundinnen der Tochter kommunizieren fast ausschließlich über das Leben von Barbie-Puppen. Und weil so ein Austausch mit Gleichaltrigen wichtig ist, bleibt in diesem Fall nur die Kapitulation vor dem Wunsch der Tochter. Denn selbst ´Harry Potter´ ist nicht dagegen angekommen. Stattdessen werden Eitelkeiten mit Barbie-Puppen ausgetauscht, die höchstens im Neidprogramm individuell in ihrem Ergebnis sind, aber trotzdem Abziehbilder bleiben, austauschbar. Klischees als Tagesordnung. Aber das alles wird inzwischen von der Mutter als Übergangsphase kalkuliert, als altersgerechte Auseinandersetzung mit dieser Lebensform und ist insofern dann auch erträglich für sie. Über das Internet wird also eine Barbie-Puppe erstanden. Ein Schnäppchen – mit einem blauen Auge. Die Barbie-Puppe hat ein `Veilchen`, die Mutter ist entsetzt! Passende Schuhe zur Handtasche, passendes Kleid zum Auto, passende Fingernägel zum Lippenstift, zur Haarspange und ein passender Mann zum `blauen Auge`, inklusive Bierflaschen und die Tristesse von Prügelszenen? Ein `blaues Auge`, so selbstverständlich wie Lippenstift? Eine makabere Vorstellung und unverantwortlich, Kinderfantasien damit zu belästigen. Die Mutter fühlt sich ausgesprochen hilflos gegenüber derartiger Plünderung der Kinderseelen – und des Geldbeutels. Aber Tochter Ines entdeckt sofort, dass es sich hier nicht um ein `blaues Auge` handelt, sondern um eine Fehlkonstruktion. Es wurde schlicht vergessen, das zweite Auge ebenfalls zu schminken und so wirkt das Geschminkte wie ein „Veilchen“. Ein Versehen also und kein Angriff auf die Kinderseele. Die Mutter ist erleichtert, die heile Barbiewelt unbeschädigt. Und Tochter Ines ist entzückt über den Zustand der Puppe, die aus der Serie gefallen ist und um die sie alle beneiden werden. Eine Trendybarbie. Bald wird es sicher hip sein, sich nur noch ein Auge zu schminken. Und sonst findet Tochter Ines, dass auch Gartenzwerge als Modell mit einem Dolch im Rücken hergestellt werden, also warum nicht ebenso Barbiepuppen mit einem blauen Auge? Und weil mit diesem Vergleich nun wirklich keine Fragen mehr offen bleiben, liegt dann diese Barbiepuppe unter dem Tannenbaum und neben ihr ein erstochener Gartenzwerg.

Geteilte Freude

Martha wünscht sich ein Pferd zu Weihnachten und sie hat sich deshalb vorgenommen, ganz besonders lieb zu sein, damit die Eltern ihr auch diesen Wunsch erfüllen. Stephanie, ihre beste Freundin wünscht sich auch ein Pferd zu Weihnachten und auch sie hat sich fest vorgenommen, besonders lieb zu sein. Spätestens jetzt in der Vorweihnachtszeit wollen sie alle Verbote und Gebote strikt einhalten bzw. erfüllen und ohne maulen umsetzen. Zum Beispiel von der Schule aus gleich nach Hause kommen, sich dann unverzüglich nach dem Mittagessen an die Hausaufgaben setzen und ehrliche Angaben über ihre Menge machen. Noch saubere Anziehsachen nicht in den Wäschekorb werfen, nur weil die Lust fehlt, sie ordentlich im Schrank zu verstauen, nicht heimlich fernsehen usw. Beide haben schon seit längerem Reitunterricht. Sich ein Pferd zu wünschen kommt also nicht von ungefähr. Und während die Kinder nun ganz lieb sind, gucken die Eltern regelmäßig auf der Suche nach geeigneten Pferden in die Zeitung. Bei den hohen Preisen allerdings sind sie zunehmend geneigt, nur ein Pferd für beide Mädchen zu kaufen. So wird es schließlich auch gemacht: Die Eltern teilen sich die Kosten und die Mädchen das Pferd. Doch sehr begeistert sind die beiden von diesem Verhandlungsergebnis der Eltern verständlicherweise nicht. Sie streiten sich, wer welches Teil vom Pferd bekommen soll und wie man es überhaupt teilt, längs oder quer? Also lieber einen ganzen Kopf oder einen ganzen Schwanz oder von beidem die Hälfte, dann aber von vorn bis hinten? Und wie soll so ein Pferd heißen? Martha wollte ihr Pferd Nico nennen, nach einem Junge in der Schule und Stephanie wollte ihr Pferd Tin nennen, nach einem Jungen in der Nachbarschaft. Zusammen würde das Pferd dann Nicotin heißen. Das sind Fragen über Fragen, mit denen die Kinder sich nun beschäftigen und die nichts als Unmut erzeugen. Vor allem auch deshalb, weil man mit einem halben Pferd nicht angeben kann. Also sich mit einem halben Pferd als Weihnachtsgeschenk brüsken, wird eher Schadenfreude als Neid erzeugen. Und sie sehen sich schon mit Fragen konfrontiert, zum Beispiel, wie man auf einem halben Pferd reitet und ob es von beiden Mädchen gleich erzogen wird und ob die, die den Kopf hat, allein für das Futter aufkommen muss.

Jedenfalls finden sie, unter solchen Umständen, und da sind sie sich wieder völlig einig, brauchen sie auch nur halb so lieb zu sein.

Glück im Unglück

„Weißt du, was Mutter sich zu Weihnachten wünscht?" „Glück." „Glück? Das hat sie nur so dahergesagt." „Nein, nein, sie hat das schon an einen Weihnachtswunsch gekoppelt, hatte ich jedenfalls den Eindruck, sie hat sich sonst aber nicht näher dazu geäußert." „Aber Glück kann man nicht kaufen, denn wenn man Glück kaufen könnte, dann hätten alle die viel Glück, die es sich leisten können." „Ich finde schon, dass man Glück kaufen kann, was aber nicht bedeutet, dass solche Leute, die sich zum Beispiel längere und öfter Urlaubsreisen leisten können, auch glücklicher sind, weil ich glaube, dass sich so ein Glück abnutzt. Wenn du mir jeden Tag Blumen mitbringen würdest, dann wäre es auch nichts Besonderes mehr." „Also zweimal im Jahr sechs Wochen Urlaub auf Sylt würden sich bei mir nie abnutzen." „Ja, schon, aber trotzdem bist du dann nicht glücklicher, finde ich, denn Glück ist keine Mengenware, obwohl `viel Glück` gewünscht wird, entweder ist man glücklich oder nicht." „Also viel Urlaub und viel Blumen garantieren nicht größeres Glück, meinst du, aber doch eben unter Umständen öfter Glück." „Auf jeden Fall kann Glück gekauft werden. Was also könnte Mutter meinen, wenn sie sich von uns Glück wünscht?" „Was hat sie sich denn im letzten Jahr gewünscht?" „Eine Kaffeemaschine." „Und vorletztes Jahr?" „Einen Schnellkochtopf." „Ach ja, einen kleinen, und da hat sie sich drüber gefreut und wir haben uns gefreut, weil sie sich freut. Also glücklich ist nicht nur der Beschenkte, sonder auch der Schenkende. Wenn also Erwartungen erfüllt werden, das macht glücklich." „Nicht unbedingt, wenn ich erwarte, dass du die Zahnpastatube wieder nicht zuschraubst und diese Erwartung erfüllt wird, dann macht es mich nicht glücklich." „Jedenfalls kann Glück materiell sein und immateriell." „Ja, zum Beispiel auch einen Sonnenuntergang betrachten." „Oder einen Ball, der ins gegnerische Tor geschossen wird." „Insofern ist Glück eben auch individuell." „Aber nicht jeder ist seines Glückes Schmied, denn was kann ich dafür, wenn der Torwart des Gegners den Ball hält." „Ja, vor allem, was kannst du dafür, dass dich runde Bälle glücklicher machen als runde Sonnen." „Und insofern brauchen wir einen Anhaltspunkt, um Mutters Glückwünsche erfüllen zu können." „Vielleicht wünscht sie sich Glück im Lotto." „Oder beim Einparken." Das können wir ihr das ganze Jahr über wünschen, sie aber hat sich Glück im Bezug auf ein Weihnachtsgeschenk gewünscht." „Pech." „Wie Pech?" „Was würde Mutter unglücklich machen?" „Wenn es kein Marzipan mehr geben würde." „Genau." „Okay, wir wünschen Mutter Glück, indem wir ihr Marzipan schenken." „Aber wir schenken ihr zu Weihnachten immer Marzipan." „Aber noch nie unter solchen Umständen." „Du hast Recht, Mutter wünscht sich Glück zu Weihnachten und zwar von uns. Und das Ergebnis unseres Weges zu ihrem Glück ist nun mal Marzipan." „Ein ziemlich langer Weg, finde ich." „Ja, und das nur wegen Marzipan."

Identitätskrise

„Schokoladenweihnachtsmänner gibt es schon im September."

„Ja und?"

„Ich finde es zu früh."

„Ach so."

„Wie ach so?"

„Dann kaufe ich im September eben noch keine Schokoladenweihnachtsmänner."

„Kannst du ruhig, ich brauche sie ja nicht zu essen."

„Warum erzählst du mir das dann? Also wenn ich dir etwas erzähle, dann hat das immer einen Grund."

„Ja, meistens einen fordernden."

„Das empfindest du nur so, weil ihr Männer ständig mit einem schlechten Gewissen herrumlauft."

„Und weshalb sollten wir das tun?"

„Weil ihr alles bis zum letzten Moment aufschiebt, zum Beispiel einen Tannenbaum kaufen."

„Jedes Jahr fängst du früher an zu drängeln!"

„Ich muss früh genug damit anfangen, weil du dich erst nach tausend Aufforderungen bequemst, es zu tun. Es scheint, als würdet ihr Männer eure Identität daraus beziehen, dass wir Frauen ständig hinter euch her sind."

„Und das bedeutet?"

„Wenn wir Frauen nicht immer etwas von euch wollen, fühlt ihr euch innerlich leer und öde."

„Umgekehrt, wenn ihr nicht ständig etwas von uns wollen könnt, dann fehlt euch der Lebensinhalt."

„Und damit sind wir bei der Frage angekommen, was zuerst da war: Henne oder Ei?“

„Der Hahn!“

„Also gut, gehen wir davon aus, dass das Ei zuerst da war und darin ein Hahn aufwächst. In diesem Fall habe ich Recht, erst kam die Bequemlichkeit der Männer und darauf folgte das Drängeln der Frauen.“

„Und das habt ihr dann zu eurer Lebensaufgabe gemacht.“

„Und wenn das so wäre, ohne euch Männer hätten wir es jedenfalls nicht getan.“

„Ohne uns Männer gäbe es auch nur Spiegeleier.“

„Und ohne uns Frauen nicht einmal das.“

Im Einklang

Wie jedes Jahr in aller Hektik. Aber schließlich sind die Vorbereitungen abgeschlossen. Der Tannenbaum steht groß und bunt und strahlend mitten im Raum. Unter seinen Zweigen liegen die Weihnachtsgeschenke verteilt. Sorgfältig verpackt, mit kleinen Kärtchen versehen, auf denen die Namen der Empfänger stehen. Der Esstisch wurde an beiden Seiten ausgezogen, um genügend Platz für die üppige Weihnachtsdekoration zu haben und das eben so üppige Festmahl. Die Kinder, Oma und Opa und Tante Claudia stehen im Flur vor der angelehnten Wohnzimmertür, im regen Austausch über dieses feierliche Geschehen und warten geduldig auf das Signal zur Bescherung. Das Signal? „Wo ist denn eigentlich die Glocke, Tom? Hast du die Glocke gesehen?" „Welche Glocke?" „Welche Glocke wohl?" „Ach die Glocke." „Welche sonst?" „Ich habe sie nicht gesehen, können wir die Bescherung nicht ohne Glocke einläuten?" „Und kannst du mir vielleicht verraten, wie ich ohne Glocke läuten soll?" „Lass dir etwas einfallen." „Ich lasse mir aber nichts einfallen! Diese Glocke ist ein wichtiges, wenn nicht überhaupt das wichtigste Zubehör unserer Weihnachtszeremonie. In langer Tradition, seit ich denken kann, wird Heiligabend die Bescherung mit dieser Glocke eingeleitet. Sie ist ein Erbstück und hat für mich einen unermesslichen ideellen Wert. Und nun soll ich mir urplötzlich etwas anderes einfallen lassen? Dieser Abend verliert an Feierlichkeit, wenn er nicht mit einer Glocke angekündigt wird, mit dieser Glocke!" „Ich glaube nicht, dass die draußen Wartenden das auch so

sehen." „Typisch Mann, ohne Zwischentöne. Anstatt hier unsensible Eindrücke zu hinterlassen, solltest du lieber nach ihr suchen." „Und wo bitte? Also beim Tannenbaumschmuck war sie nicht, die Kartons sind alle ausgepackt, das wäre mir aufgefallen." „Vielleicht ist noch ein Weihnachtskarton im Keller?" „Auch das wäre mir aufgefallen, dann würde ja nicht nur die Glocke fehlen." „Vielleicht ist sie aus einem der Kartons herausgefallen und liegt jetzt im Keller zwischen irgendwelchen Sachen?" „Das ist ziemlich unwahrscheinlich, die Kartons sind alle mit Deckel versehen. Und wenn, du willst doch jetzt nicht in den Keller gehen um nach der Glocke zu kramen, Schatz? Lass uns 'Oh du Fröhliche' singen und die Kinder hereinholen und mit der Bescherung beginnen. Oder wie lange willst du sie draußen noch warten lassen?" „Ich lasse sie solange warten, bis die Glocke gefunden ist. Und vor allem wird nicht `Oh dun Fröhliche` gesungen, sie können höchstens alle hereinkommen und nach ihr suchen.!" „Du meinst, wir sollen hier jetzt alle auf der Erde rumkrabbeln? Vielleicht auch noch unten im Keller nach ihr kramen?" Ach wie feierlich!" Schließlich werden die Wartenden unruhig, vor allem die Kinder drängeln. Sie wollen endlich ihre Geschenke auspacken. Und deshalb bringt der Vater zwei Gläser zum Klingen und mit dem nun erzeugten Ton ist die Weihnachtsfeier eröffnet.
Ja, und die Glocke? Mit ihr läutet plötzlich Sohn Andreas, sie lag zwischen seinen Weihnachtsgeschenken. Und es ist der Vater, der alle noch einmal vor die Tür schickt, auch die Mutter und mit Weihnachtsglockenläuten und dem Lied 'Süßer die Glocken nie klingen' wieder hereinholt.

Kraftprobe

Klara bekommt einen Adventskalender, einen gehäkelten, von der Oma. Vierundzwanzig kleine Beutel, gefüllt mit lauter Süßigkeiten, an einem Faden aufgereiht und aufgehängt. Im Wohnzimmer aufgehängt, hoch genug, damit Klara nicht der Versuchung unterliegt, die Plünderung der gesamten Beutelinhalte unverzüglich vorzunehmen. Trotzdem versucht sie diesen Zustand der Unerreichbarkeit ihrer Lieblingsspeise zu umgehen und macht deswegen, als die Mutter in die Küche verschwindet, erst einmal die Wohnzimmertür hinter sich zu. Aber die Mutter öffnet sie wieder. Und so geht das eine ganze Weile hin und her. Doch Klara lässt sich davon nicht entmutigen. Sie beginnt nun mit ihren Puppen vom Kinderzimmer ins Wohnzimmer zu ziehen und sich mit ihnen zu unterhalten, sozusagen als Tarnung, um sich dann vor Ort in Ruhe nach entsprechenden Einsatzmitteln für ihr Vorhaben zu erkundigen und klammheimlich umzusetzen. Aber auch dieses strategisch sinnvolle Handeln fliegt auf, denn spätestens immer dann, wenn Klara auf den Stuhl steigen will, den sie zum Zwecke ihrer Absicht unter den Adventskalender geschoben hat, kommt die Mutter vorbei und verhindert das, indem sie den Stuhl wieder zurück an seinen Platz stellt. Und Klara wundert sich darüber, dass die Mutter immer rechtzeitig erscheint, obwohl sie Klaras Aktivitäten von der Küche aus nicht beobachten kann – jedoch die Sitzecke! Schließlich aber klappt es, was Klara dem schlichten Umstand zu verdanken hat, dass es an der Haustür klingelt und die Mutter mit einer Nachbarin klönt. Und zwar lange genug, um ungestört einen Stuhl an die begehrte Quelle zu schieben, darauf zu steigen und flugs alle Beutel, die sie erreichen kann, auszuräumen. Die Inhalte fallen zu Boden und werden nach vollendeter Aktion flink von ihr aufgesammelt und der Stuhl wieder an seinen Platz gerückt. Dennoch kann die Mutter nicht nur an Klaras schokoladenverschmiertem Mund erkennen, weshalb ihr Kind das Mittagessen verschmäht. Aber sie schimpft nicht, obwohl sie Klara mehrmals die Absicht eines Adventskalenders erklärt hat, nämlich, dass nur einmal am Tag bis zur Bescherung, ein Beutel geöffnet werden darf, der Reihenfolge nach, erkennbar an dem aufgestickten Datum jeweils, fühlt sie sich mitschuldig an diesem Vergehen. Weil es doch eigentlich unfair ist, dem Kind Süßigkeiten vor die Nase zu hängen und gleichzeitig zu erwarten, dass es sich nichts daraus macht, ganz abgesehen davon, ob es überhaupt den Sinn solch einer traditionellen Vorgehensweise verstanden hat und Klara in sofern Vorsatz unterstellt werden kann. Und so werden die Beutel wieder aufgefüllt und tiefer gehängt und Klara darf ab sofort täglich vierundzwanzig Kalendertagebeutel plündern, aber das macht sie nicht, weil nun Obst und Gemüsestückchen darin sind.

Nachbarschaftshilfe

Sie sind die neuen Mieter, wohnen aber schon lange genug hier, um bei der kargen Förmlichkeit in Begrüßungssituationen, eine aufgeräumte Ablehnung ihnen gegenüber wahrzunehmen. Diese Wohnung war als Alterssitz vorgesehen, mit Fahrstuhl und Balkon anstatt Garten, zentrumsnah. Außerdem richteten sie ihre Wahl nach einer Wohnung in einem ruhigen und gepflegten Haus. Aber so wachsam, wie diese Qualitäten hier vertreten werden, so unaufmerksam ist das Miteinander. Eine Eigenart, die sich stumm und anstekkend im ganzen Haus verwirklicht.
Und jetzt, Heiligabend, zur fortgeschrittenen Stunde, klingeln sie bei einem Nachbarn: „Entschuldigen Sie bitte, es ist uns ausgesprochen unangenehm, Sie bei Ihrer Feierlichkeit zu stören, aber wir haben unseren Haustürschlüssel verloren und müssen einen Schlüsselnotdienst bestellen." „Das wird teuer werden", beteiligt sich freundlich der Nachbar an ihrem Missgeschick und fügt hinzu: „Heute wird wohl nur ein Notdienst des Notdienstes zur Verfügung stehen, es wird unter Umständen also lange dauern, bis jemand kommt." „Darauf haben wir uns eingestellt, es bleibt uns ja nichts anderes übrig." „Wollen Sie nicht hereinkommen?" „Nein danke, sehr nett von Ihnen, wir warten hier lieber im Flur, bevor wir ihn noch verpassen." Mit dem Branchenfernsprechbuch unter dem Arm bringt der Nachbar auch zwei Stühle mit nach draußen. Außerdem bietet er an, das Flurlicht auf permanent zu stellen, damit sie nicht ständig den Schalter betätigen müssen. Die entsprechende Vorrich-

tung dazu befindet sich im Keller. Kaum gesagt, begibt er sich auch schon die Treppe hinunter dorthin. Wieder zurück stellt er einen dritten Stuhl in den Flur, holt kurz darauf Tassen und Gebäck und fragt, was sie trinken möchten. Und dann beginnt ein reger Austausch über verlorengegangene Schlüssel, das Suchen danach und die unverschämt teuren Schlüsseldienste, die die Not einer verschlossenen Haustür ausnutzen. Ein weiterer Nachbar, aus dem Fahrstuhl kommend, gesellt sich zu ihnen und möchte den Grund des ungewöhnlichen Treffens erfahren. Auch er weiß eine Geschichte über verlorene Schlüssel zu erzählen. Und So füllt sich nach und nach der Flur mit Nachbarn, die von unterwegs kommen und solchen, die bei den ungewohnten Geräuschen im Treppenhaus nicht schlafen können oder noch nicht schlafen wollen. Bald trifft sich fast das ganze Haus dort. Es werden noch Stühle gebraucht. Jemand bringt Campingkissen als Unterlage für die kalten Treppenstufen. Einer besorgt einen kleinen geschmückten Tannenbaum. Übriggebliebene Schnittchen werden verteilt. Ein Kasten Bier ist noch da. Wer braucht ein Glas? Es riecht nach Kartoffelsalat. Süßigkeiten in Weihnachtstellern werden herumgereicht und jeder bringt eine Geschichte aus seinem Leben mit und vergleicht sie mit denen der anderen. Und als jemand ein Weihnachtslied anstimmt, singen alle mit, so wie es sich eben in einer vertrauten Atmosphäre erlaubt. „Wann wohl der Schlüsseldienst kommt?“ fragt einer aus der Runde. „Der kommt nicht“, antworten die Betroffenen. „Der wurde gar nicht bestellt, weil der Schlüssel nicht verloren ging, das war nur ein Vorwand, um endlich die Menschen näher kennenzulernen, mit denen wir zusammen wohnen und denen wir örtlich näher sind als unserer Familie. Und von denen wir mehr wissen möchten, um ihnen nicht nur einen guten Tag wünschen zu können." Still wird es im Treppenhaus und bleibt es für eine Weile. Und erleichtertes Wirken dann, weil alle verstanden haben, dass sie sich mit dieser langen Nacht, künftig auch für andere Lebensbereiche in dieser Mitwelt gegenseitig alles Gute wünschen können.

Nur fünf Minuten

„So ein Idiot!“ schimpft Karl laut vor sich hin und meint damit den Psychologen, der im Abendprogramm über Einsamkeit spricht. Was verteilt der hier seine Ratschläge, weiß der überhaupt, was Einsamkeit ist? Sicher nicht, denn sonst würde er einsamen Menschen nicht empfehlen, Heiligabend jemanden anzurufen und um ein fünfminütiges Gespräch zu bitten. Wie stellt der sich das vor? Einsame sind stolz. Sollen sie also auch noch ihren Stolz verlieren, in einem fünfminütigen Gespräch? Das Risiko ist zu groß, um sich darauf einzulassen. Schon gar nicht am Heiligen Abend. Und womöglich jemanden anrufen, zu dem man lange keinen Kontakt hatte und ihm die Frage zumuten: „Wie geht es dir?“ wo doch nichts offensichtlicher sein kann wie es jemandem geht, der am Heiligabend zwischen Festtagsschmaus und Bescherung anruft und um ein fünfminütiges Gespräch bittet.

Seine Schwester zum Beispiel hat er seit mehr als zwanzig Jahren nicht gesehen und vielleicht ist sie mit ihren Gästen gerade beim Essen, wenn das Telefon klingelt. Es würde allen im Hals stecken bleiben, wenn der Bruder nach so langer Zeit anruft und seine Einsamkeit auf diese Weise demonstriert. Ein schlechtes Gewissen wird den Abend bestimmen, weil sie einen Einsamen am Fest der Liebe ausschließen. Und er ist dafür verantwortlich. Außerdem hat er sich als jemand in Not geoutet und das gönnt er keinem, so viel von ihm zu wissen!

Und wenn er Susanne anruft, seine ehemalige Lebensgefährtin? Ein langer Abschied war das damals für ihn, bis sie sich schließlich für den Anderen entschieden hat. Sie wird gar nicht mehr wissen, wer er ist, nach so langer Zeit und auch kein Interesse mehr daran haben es zu erfahren. Wenn er sich dennoch bemüht, das aufzuklären, dann werden die fünf Minuten rum sein und sie wird ihn bestenfalls damit vertrösten, ihn zurückzurufen, wenn sie Zeit hat. Und er hat zu seiner Einsamkeit noch die Scham, sich aufgedrängt zu haben.

Oder sein Bruder, auch ihn hat er lange nicht gesehen. Zu ihm hatte er nie ein gutes Verhältnis. Schon als Kinder entwickelten sich Konkurrenzkämpfe um die Gunst der Eltern. Und insofern würde der sich doch klammheimlich freuen, wenn er erfährt, dass er gewonnen hat, denn nur ein Verlierer bittet am Heiligen Abend um ein fünf Minuten langes Telefongespräch.

Und die anderen alle? Aber vielleicht sind diese anderen alle genauso einsam wie er und genauso stolz?

Karl überrascht sich damit, wie er nach seinem alten Adressbuch sucht, er könnte ja nach Weihnachten mal jemanden anrufen. Da klingelt das Telefon. „Hast Du fünf Minuten Zeit für mich?“

„Ich habe den ganzen Abend Zeit für dich“.

Ratenzahlung

Das muss eine besondere Post sein, wenn der Postbote deswegen bei ihr klingelt. Sie läuft die Treppe hinunter und nimmt ein Paket entgegen. Ein Einschreiben, es darf also nur ihr übergeben werden und sie muss diese Anweisung mit ihrer Unterschrift bestätigen. Wer findet sie wohl so wichtig, dass er ihr ein Päckchen zu Weihnachten schickt? Sogar so wichtig, dass er sich mit einem Einschreiben absichert? Sie unterschreibt den Empfang und geht zurück in ihre Wohnung. Ein schweres Paket, mit einem roten Aufkleber für Glastransport versehen, also als zerbrechlich geltend. Sie liest den Absender: Ihr Nachbar. Weshalb schenkt der ihr etwas zu Weihnachten? Und warum bringt er es ihr nicht selbst vorbei, das Geschenk, er wohnt doch direkt nebenan? Oder stellt es vor die Tür, wenn er zu schüchtern dafür ist? Aber einen schüchternen Eindruck macht er eigentlich nicht, eher einen aufgeschlossenen, selbstbewussten. Obwohl, wenn sie sich zufällig im Treppenhaus begegnen, dann wechseln sie kaum ein Wort, weil er es immer sehr eilig hat. Und wie aus Zeitmangel sitzt auch seine Krawatte oft etwas schief. Und nun nimmt er sich also Zeit, geht zur Post, um ihr ein Paket zu schicken, dieser gut aussehende Mann? Er ist in ihrem Alter, lebt allein, wie sie, passt also. Sie sieht ihn plötzlich mit ganz anderen Augen, mit solchen, mit denen er sie schon längst betrachtet? Und was schenkt er ihr wohl? Vielleicht eine Vase? Eine schwere Vase, dem Gewicht nach zu urteilen. Warum nicht? Andere schenken Blumen und er eben eine Vase. Die Blumen dazu bekommt sie dann vielleicht bei der nächsten Begegnung. Obwohl sie es kaum erwarten kann, das Geheimnis des Pakets zu lüften, nimmt sie sich vor, es erst am Heiligabend zu öffnen, in feierlicher Stimmung. Solange wird sie sich in entsprechender Vorfreude bewegen.

Sehr zeremoniell, dem Anlass angemessen, öffnet sie schließlich das Paket. Drei Flaschen Wein sind darin, Prosecco, weiß, aus Italien, Spumantizzato. Sieht teuer aus, findet sie, sehr teuer. Aber wie kommt ihr Nachbar darauf, dass sie Weintrinkerin ist? Na ja, so ein Versuch der Annäherung kann auch etwas Hilfloses haben, selbstbewusst hin oder her und Wein verschenken kann insofern als neutrales Geschenk gewertet werden, als einfaches Dankeschön oder eben auch als eine Liebeserklärung. Da sie aber nicht weiß, wofür er sich bei ihr bedanken sollte, geht sie vom Letzteren aus und stellt sich vor, wie sie den Wein gemeinsam austrinken. Erwartungsvoll öffnet sie den beiliegenden Brief und da steht drin, dass er auf Reisen ist und nach Weihnachten erst zurückkommt. Und dass er unterwegs diesen Wein gekauft hat. Weil er ihn aber nicht auf seiner ausgiebigen Tour durch die Weihnachtsmärkte des Landes mitnehmen wollte, bittet er sie, den Wein für ihn aufzubewahren, bis er zurück ist. Aufbewahren? Unverschämt! Sie wird ihn sich genehmigen, sie wird zur Weintrinkerin werden, sobald sie einen Korkenzieher gefunden hat!

Und als er dann nach den Weihnachtsfeiertagen vor ihrer Tür steht, bekommt er drei leere Weinflaschen in die Arme gedrückt. Er ist fassungslos und bleibt in diesem Zustand, als er sie fragt, ob sie wüsste, wie teuer der Wein war. Doch er wird aufgeschlossener, als sie ihm schließlich den Vorschlag unterbreitet, ihre Schulden bei ihm abzuarbeiten, in dem sie solange für zwei kocht, bis sie getilgt sind.

Reifung des Nikolaus

Nils ist der Coolste in der Klasse. Er ist so cool, er kann kaum aus den Augen gucken.

Und wer so cool ist wie Nils, der glaubt auch nicht mehr an den Weihnachtsmann und nicht an Engel, der glaubt an überhaupt nichts, nur an sich. Nils kann es sich leisten, denn schließlich steht fast die halbe Klasse hinter ihm und wetteifert um seine Gunst und darum, wer der Zweitcoolste in der Klasse ist. Das ist meistens Ümit. Ein alltäglicher Wettkampf also, bei dem alle verlieren, die sich diesem Ritual nicht unterwerfen, wie die lulligen Stehgeiger, die Denkschüsseln, die abgeeierten Döbel, Gähnaffen, Vollsocken und Hirschköpfe. Eben solche, die voll null raffen.

Nun hat die Lehrerin den Kindern eine Aufgabe gestellt, alle sollen am letzten Schultag vor den Weihnachtsferien eine Weihnachtsgeschichte erzählen. Lang oder kurz, gelesen, erfunden, oder erlebt, egal, Hauptsache eine Weihnachtsgeschichte. Eine Weihnachtsgeschichte ablassen, vollätz, Affenschrott, finden Nils und seine Mannschaft und sie beschließen einstimmig, an diesem Tag die Schule zu schwänzen.

Lieber grell abnödeln, einen auf Welle machen, als der abgehippten Esotante diesen Gefallen zu tun. Und so beratschlagen sie eifrig, welche mega konkrete Begründung geeignet sein könnte, um auch ihren Eltern zu verticken, dass Blaumachen am letzten Schultag vor Weihnachten eine unabdingbare Notwendigkeit ist. Doch trotz eines intensiven Austausches über eine Rechtfertigung zu ihrem Vorhaben,

die alle überzeugen könnte, fällt ihnen nichts ein. Auch deshalb wohl, weil Nils keinerlei Ideen zu ihrem Vorhaben einbringt. Er verhält sich zunehmend unbeteiligt, scheint kein Bedürfnis mehr nach Bestätigung als Boss in der Clique zu haben, die plötzlich ziemlich verloren um ihn herumsteht. „Ende im Gelände“, tuscheln sie, „ein abgerissener Nils, abgeflockt, radikalo Miespfanne, ein Talfahrer der Nils.“ Auch äußerlich hat Nils sich verändert: Die Haare sind nicht mehr gegelt, der Hosenschritt sitzt an der richtigen Stelle und schlappert nicht mehr ums Kniegelenk, die Schirmmütze hängt nicht mehr im Nacken, und der Totenkopf ist vom Schulranzen verschwunden. Selbst die Lehrerin registriert Nils Wandlung, weil er auch in der Klasse nicht mehr durch Pöbeleien und vorlautes Gehabe auffällt. Dennoch schaut sie immer mal wieder skeptisch zu ihm hinüber und fragt sich, ob er wohl krank ist oder verliebt. Jedenfalls hofft sie, dass Nils Veränderung nicht nur eine vorübergehende ist.
Ja, Nils ist nachdenklicher geworden. Und den letzten Schultag vor den Ferien will er auch nicht mehr schwänzen. Das verklickert er den anderen, weil er eine Weihnachtsgeschichte erzählen möchte. Aber sonst schweigt er sich aus. „Voll Panne“, entrüsten sich die Verlassenen. „Ein Weichei der Nils nun?“ Doch sie bleiben allein mit ihren Fragen, bis Nils seine Weihnachtsgeschichte erzählt: „Ich habe einen Engel gesehen.“ „Hör auf rumzugurgeln, du Schleimbeutel.“ grölt es aus der Ecke. Doch Nils lässt sich davon nicht beeindrucken und fährt fort mit seiner Erzählung:
„Ich musste den Tannenbaum schmücken, das habe ich noch nie gemacht und ich hatte auch keine Lust dazu, aber ich hätte sonst für die ganze Woche Fernsehverbot bekommen. Ich musste also das ganze Zeug an den Baum hängen. Eine Menge Kartons mit Kugeln und so aus dem Keller

holen und auspacken. Und Süßigkeiten, die musste ich erst noch kaufen. Dann hab ich alles an eine Seite gehängt, damit ich schnell fertig werde. Aber da ist der Baum umgekippt und ich musste alles wieder aus den Zweigen ziehen und um den ganzen Baum herum verteilen. Dabei habe ich aufgepasst, dass ich keine Schokoladensachen über der Heizung aufhänge, weil die schmelzen. Und dann habe ich den Fernseher angemacht, aber ich musste immer wieder zu meinem geschmückten Tannenbaum gucken. Ich fand ihn wunderschön. Ich war richtig stolz darauf. Nachts musste ich dann aufs Klo, am Wohnzimmer vorbei und habe auf meinen Tannenbaum geguckt, es waren nur die Umrisse zu sehen. Und da stand ein Engel. Auch von ihm waren nur die Umrisse zu sehen, aber ganz deutlich. Er stand dicht am Baum. Er war so groß wie der Baum, hatte lange, lockige Haare und ein langes Kleid an und Flügel. Es sah so aus, als würde er sich für die Schokolade am Baum interessieren. Ich bin dann erst einmal zum Klo und zurück, habe ich das Licht im Wohnzimmer angemacht. Aber da war kein Engel mehr. Ich ging in das Zimmer meiner Mutter, aber die schlief. Ich weckte sie und fragte, ob sie eine langhaarige Perücke hat. Aber sie zickte, ich solle ins Bett gehen. Und die nächste Nacht legte ich mich auf die Lauer und die übernächste auch, aber es kam kein Engel mehr vorbei.
Fest steht jedenfalls, dass meine Mutter geschlafen hat. Außerdem steht fest, dass meine Mutter keine langen Haare hat und auch kein langes Nachthemd und vor allem keine Flügel. Sie kann es also nicht gewesen sein, die da stand".
Und weil das so ist, rätselt nun die ganze Klasse, was Nils da wohl gesehen haben mag. Und obwohl Weihnachten eigentlich ziemlich uncool ist, bis auf die Geschenke natürlich, kommen viele kreative Vorschläge und Fragen zu

Engeln, vor allem, ob es die überhaupt gibt und wenn ja, ob sie gern Schokolade essen. Und die Lehrerin erklärt zu Nils Erscheinung am Tannenbaum, dass Nils eine Kurzform von Nikolaus ist und das er insofern eine Verbindung zu solchen seltenen Erlebnissen haben könnte, gerade jetzt auch zur Weihnachtszeit. Jedenfalls finden alle, dass Nils sich verändert hat. Und weil niemand aus der Klasse sich vorstellen kann, was es sonst auf der Welt hätte geben können, was Nils zu einem derartigen äußeren und inneren Wandel bewegen könnte, sind sich schließlich alle einig, dass es nicht anders gewesen sein kann, als dass Nils Besuch von einem Engel hatte.

Und die Lehrerin findet, dass jedem von den Kindern mal ein Engel begegnen sollte, jedenfalls den respektlosen. Das wäre ein vollkrasser, mega geiler Deal!

Reise ins Weihnachtsgefühl

Die Zugräder unter ihm poltern rhythmisch. Er lässt sich ein auf diesen gleichförmigen Klang, der so gleichförmig ist wie sein Leben.

Wie jeden Morgen fährt er mit dem Zug zur Arbeit und am Abend wieder zurück. Fünf Tage in der Woche. Viele Jahre schon. So viele Jahre schon, dass er inzwischen einen Stammplatz hat. Auch die anderen, die wie er Jahr ein Jahr aus mit dem Zug zur Arbeit fahren, haben einen Stammplatz dort. Das hat sich im Laufe der Zeit so ergeben, wie auch das ein oder andere Gespräch während der Fahrt.

Aber heute sieht er kein bekanntes Gesicht, denn heute ist Heiligabend. Auch er müsste nicht ins Büro fahren. Doch es soll wie damals sein, als Hanne noch bei ihm wohnte und Heiligabend im Büro bis mittags gearbeitet wurde.

Wenn er dann am späten Nachmittag von der Arbeit nach Hause kam, roch die ganze Wohnung nach kulinarischen Genüssen, eingebunden im Duft brennender Kerzen und frischem Tannengrün. Und zwischen all dem bereitete sie die Bescherung vor. Im Wohnzimmer war der Tannenbaum geschmückt. In seinen bunten Kugeln, die prall in ihm hingen, spiegelte sich das Licht der Kerzen, das nachklingend in Hannes Bewegungswirbel tanzte. Und auch sie wiederholte sich darin mit ihrem Überraschungsgesicht.

Und diesem Moment, dem wollte er jedes Jahr zu Weihnachten so nah wie möglich sein. Deshalb fährt er heute in die Firma, um zurück dann dort anzukommen, wo sein

Weihnachtsgefühl ist. Entsprechende Vorbereitungen hatte er getroffen.
Die Räder quietschen, der Zug hält Er steigt aus. Weihnachtlich geschmückt alles und so viele Geschenke überall um ihn herum, gekaufte und ungekaufte und so viele Menschen. Weihnachten. Sehnsucht. Plötzlich wünscht er sich, dass ihn jemand fragt, was er sich zu Weihnachten wünscht. Aber es fragt ihn keiner, warum sollten sie auch? Er geht zu Fuß zur Firma, obwohl der Weg dorthin weit ist. Doch er hat eben auch nichts anderes vor hat, als zurück zu fahren.

Der Zug hat Verspätung. Durch die Menschenmenge schiebt er sich zu seinem Stammplatz. Doch der ist besetzt. Eine Frau sitzt da, viel zu selbstverständlich, wie er findet. Widerwillig setzt er sich auf den noch freien Platz ihr gegenüber und sieht sie grimmig an. Wie kann sie ihm seinen Stammplatz nehmen, heute? Wenn er schon nicht pünktlich zu seiner Weihnachtsfeier kommt, dann will er wenigstens auf seinem Stammplatz sitzen. Schließlich fragt er sie unverhohlen, ob sie nicht die Plätze tauschen könnten. Sie nickt und lächelt und sie tauschen die Plätze. Und so sitzen sie sich lange unabsichtlich gegenüber. Aber während die Bilder der Landschaft in wachsender Dämmerung an ihnen vorbei eilen, auf der einen Seite im Ankommen, auf der anderen im Verlassen, treffen sich ihre Blicke in der Spiegelung der Fenster zunehmend in achtsamer Betrachtung. Bis sie sich schließlich direkt begegnen, als sie ihm zu erzählen beginnt, weshalb sie die Heiligabende immer im Zug verbringt. Da fährt sie dann solange durch das Land, bis sie an einen Ort kommt, der sich dazu eignet auszusteigen. Sich eignet für ein Weihnachtsgefühl, nach dem sie auf der Suche ist. Und er erfährt, dass sie dabei aufgeregt wie ein Kind vor der Bescherung ist, weil sie nicht weiß, wo das sein wird, in welche Stadt oder in welches Dorf der Zug sie bringt. Sie lässt sich bei der Suche überraschen, wie von einem Weihnachtsgeschenk. Sie weiß nur, dass es ein Gefühl von Geborgenheit sein muss, so wie es sich in Verabredungen erleben lässt, auf die man sich freut.

Ein Ort, der das vermittelt, schon aus der Ferne mit seinen Lichtern, den möchte sie kennenlernen und an dem steigt sie dann aus. Geht hinein in die Stille Nacht, in ihren Frieden drum herum, der nur im Unbekannten so ausführlich sein kann. Dann fragt sie ihn: „Was wünschen Sie sich zu Weihnachten?“ Und er antwortet: „Das mich jemand fragt, was ich mir zu Weihnachten wünsche.“ Und dann erzählt er ihr von seinem Weihnachtsgefühl und wie er sich dafür einrichtet.

Und so fahren sie durch die Weihnachtsnacht in ein gemeinsames Weihnachtsgefühl.

Rollentausch

Die Heiligen Drei Könige überbrachten Geschenke und deswegen machen wir das auch. Wir folgen damit einer Tradition, einem Brauch. Aber solche Bräuche verändern sich im Laufe der jahrhundertealten Überlieferung und insofern ist aus Brauch brauchen geworden, wobei alles, was man nicht hat, als Mangelerscheinung erklärt wird. So braucht Tochter Anette ein Handy, damit sie die Eltern anrufen kann, wenn sie später nach Hause kommt als erwartet. Aber eigentlich soll sie nicht später nach Hause kommen als verabredet und eigentlich kann sie dann auch von einem der Handys ihrer vielen Freundinnen anrufen, mit denen sie ständig unterwegs ist. Aber weil es peinlich ist, in einer Welt, in der Handys regelmäßiger benutzt werden als Zahnbürsten, keines zu besitzen, es sich hier also um eine Imagefrage handelt, also eine Frage von wertvoll oder wertlos, kann unter Berücksichtigung dieses Umstandes von `brauchen` gesprochen werden. Tochter Claudia braucht einen Staubsauger, das ist mühelos einzusehen, will sie ihren neuen kleinen Haushalt sauber halten. Mutter Brigitte braucht eine Halskette, das wiederum ist nur für die nachvollziehbar, die selbst Halsketten tragen und somit ihren Wert als Schmuckstück und Konkurrenzgut nachempfinden können. Dass sie also eine Kette braucht, kann demnach von allen, die solchen Wert nicht erkennen, mit gutem Recht bestritten werden. Trotzdem wird sie eine zu Weihnachten bekommen. Dass Männer nun Schlips und Socken brauchen, ist dagegen wieder unbestreitbar. Allerdings völlig unverständlich ist, wozu

Heiner, das Familienoberhaupt, einen roten Kapuzenmantel braucht. Jedenfalls wünscht er sich den. Aber warum? Wenn er sich als Weihnachtsmann verkleiden will, würde er sich den nicht schenken lassen, weil der Überraschungseffekt, also der Effekt, der Weihnachtsmänner so beliebt macht, hinfällig wird und somit der einzige Grund, solch eine Anschaffung nachvollziehbar zu machen. Also wenn er nicht überraschen will, wozu braucht Heiner dann einen roten Kapuzenmantel? Egal, Heiner bekommt seinen Kapuzenmantel, aus einem Eineuroshop.
Und was macht er nun damit? Was soll er schon damit machen? Er zieht ihn an! Ganz tapfer, mit Kapuze auf, sitzt er am Heiligen Abend am Tisch mit dem Braten drauf und ist darum bemüht, dass ihm die Ärmel vom Mantel nicht ständig in der Bratensoße hängen bleiben. Und als er schließlich gefragt wird, nach dem Essen und vor dem Abräumen, was das nun soll, antwortet Heiner mit voller Überzeugungskraft, denn auf diese Frage hat er den ganzen Abend gewartet: „Mein Weihnachtswunsch hat auch etwas mit brauchen zu tun, nämlich mit missbrauchen. Denn wenn ich jedes Jahr für euch den großzügigen Weihnachtsmann spielen soll, dann kann ich auch ruhig mal so aussehen." Damit löst er nun ein Wechselbad der Gefühle bei dem Rest der Familie aus. Zunächst erfolgt großes Schweigen, weil Betroffenheit über diesen unerwarteten Vorwurf herrscht. Schließlich Scham, denn jemanden für die eigenen Bedürfnisse zu benutzen, ist unsozial. Darauf folgt ein Gefühl von Reue, mit dem Entschluss einer Verhaltensänderung und dann Mitleid mit dem Ausgebeuteten. Tochter Anette fragt ihn behutsam: „Fühlst du dich vernachlässigt, Papa?" Und Tochter Claudia ergänzt mitfühlend: „Ausgenutzt?" Aus der Mitleidsbekundung erwächst, als Versuch die Stimmung aufzubessern, Er-

heiterung über den Beklagenswerten: „Papa, so ein roter Mantel steht dir aber gut", findet Tochter Anette. „Bei Regen färbt der aber bestimmt", warnt Tochter Claudia. Doch aus der Stichelei wird bald Sarkasmus wegen der inzwischen als ungerecht empfundenen Anschuldigung. So schlägt Mutter Brigitte vor: „Damit du überall als Weihnachtsmann anerkannt wirst, solltest du dir einen Bart wachsen lassen und statt einer Aktentasche einen Sack mit ins Büro nehmen." Und schließlich entsteht Wut über das schlechte Gewissen, das er ihnen eintrichtern will und daraus nun das Bedürfnis nach rücksichtsloser Aufklärung:" Wie würdest du dich fühlen, wenn wir dir zu Weihnachten einen Staubsauger schenken würden", fragt Mutter Brigitte herausfordernd. „Oder eine Halskette?" kichert Tochter Anette. Und Heiner sieht fast spontan ein, dass er sich als Weihnachtsmann besser fühlt, denn als Hausmann. Und deswegen umarmen ihn nun die drei und schenken ihm ihre ganze Liebe und mit ihr das, was alle brauchen.

Schicksalhaft

„Nun stapfen wir hier durch den tiefen Schnee, warum tun wir das“.
„Weil Weihnachten ein Spaziergang im Schnee ein besonderes Erlebnis ist.“
„Aber ich habe nasse Füße!“
„Weshalb ziehst du auch diese Schuhe an?“
„Ich wusste nicht, dass ich darin nasse Füße bekomme.“
„Du hast sie also an, weil Weihnachten ist?“
„Ja, schon, aber Schnee gibt es auch sonst und diese Schuhe ziehe ich nicht nur zu Weihnachten an.“
„Aber zu besonderen Anlässen wie Weihnachten, also dann könntest du eigentlich mal ohne Widerworte einsehen, dass wir uns ausnahmsweise einig sind.“
„Worüber?“
„Na, das Weihnachten ein Spaziergang im Schnee ein besonderes Erlebnis ist.“
„Das ist, als wenn wir uns darüber einig wären, dass man bei Regen nass wird, oder bei Schnee, zum Beispiel wenn man nicht die richtigen Schuhe an hat, es ist also keine besondere Leistung sich in diesem Fall einig zu sein.“
„Jetzt hast du schon wieder Widerworte.“
„Das sind keine Widerworte, sondern lediglich Einschränkungen.“
„Aber überflüssige Einschränkungen und dann sind es Widerworte.“
„Du sprichst immer von Widerworten, weil du es nicht erträgst, wenn ich dir nicht uneingeschränkt Recht gebe.“

„Und du gönnst mir einfach nicht, uneingeschränkt Recht zuhaben, das ist es! Wobei ich es nicht zu viel verlangt finde, Recht zu bekommen, wenn ich meine, dass Weihnachten ein Spaziergang im Schnee ein besonderes Erlebnis ist.“
„Das habe ich ja auch zugegeben, obwohl ich nasse Füße habe.“
„Dann streiten wir uns jetzt also darüber, weshalb wir uns darüber nicht streiten können?“
„So scheint es und insofern geht uns nie der Gesprächsstoff aus, trotzdem könntest du etwas sensibler mit meinem Unbehagen umgehen.“
„Also, wenn ich jung wäre, dann würde ich die jetzt tragen.“
„Wenn du jung wärst, dann würden nasse Füße mich nicht stören.“
„Und was wollen wir nun beklagen, dass ich nicht mehr jung bin oder dass du nasse Füße hast?“
„Das Naheliegendste.“
„Und das wäre?“
„Ich glaube, ich habe vergessen, den Backofen auszuschalten.“

Seltsamer Besuch

Eine große weiße Feder im unberührten weißen Schnee. Und das am Heiligen Abend. Wie kitschig, denkt sie. Fehlt nur noch, es kommt ein Engel vorbei, um sie aufzuheben. Vielleicht sind noch mehr da? Sie geht um den Häuserblock herum, doch weitere Federn findet sie nicht und auch keinen Engel, der danach sucht. Dafür aber einen kleinen, ungeschmückten Tannenbaum. Gut gewachsen lehnt er an einer Hauswand, fernab von einer Eingangstür, die man ihm hätte zuordnen und sich vorstellen können, dass jemand herauskommt und ihn abholt.

Vergessen worden kann er nicht sein, denn einen Weihnachtsbaum am Heiligen Abend vergessen ist wie die Ringe zur Hochzeit nicht dabei haben. Und verloren? Vielleicht bei der Fahrt von einem Autodach gefallen? Wohl eher, und jemand hat ihn von der Straße weggeholt und an die Hauswand gestellt, zum Wiederfinden und Abholen. Aber um ihn jetzt noch aufzustellen und zu schmücken ist es zu spät, jedenfalls für den Heiligen Abend. Aktuell könnte er für ihren Hund ein Vergnügen sein, was sie ihm aber nicht gewährt. Sie wird ihn mit nach Hause nehmen, er passt gut in ihr Wohnzimmer. Doch bevor sie diese Entscheidung umsetzen kann, kommt ihr auf der anderen Straßenseite ein Mann entgegen. Auf ihrer Höhe überquert er die Straße und eilt auf sie zu. Oder auf den Tannenbaum? Vielleicht gehört er ihm? Aber dieser Mann sieht nicht so aus, als würde er einen Tannenbaum abholen kommen. Aber wie sieht jemand aus, der einen Tannenbaum verloren hat? In diesem Fall doch zu-

mindest erleichtert, weil er noch dasteht. Aber dieser Mann ist nicht erleichtert. Gegebenenfalls könnte er ihr helfen, den Baum in ihre Wohnung zu tragen. Aber dieser Mann sieht auch nicht so aus, als würde er fremden Menschen helfen, einen Tannenbaum in die Wohnung zu tragen, nicht einmal am Heiligabend. Obwohl, sich an diesem Abend einen Tannenbaum ins Wohnzimmer bringen zu lassen, als überschaubare Absicht ausgelegt werden kann, und insofern kaum von ihm abgelehnt, weil als aufdringlich empfunden. Doch wie sieht dieser Mann aus? Vielleicht ist er ein verkleideter Engel, der seine Feder sucht? Was haben Engel und dieser Mann gemeinsam? Etwas Unmenschliches. Wobei die Erhabenheit eines Engels aus seiner Würde resultiert, aber die Erhabenheit dieses Mannes ist das Ergebnis seiner Eitelkeit. Die Eitelkeit, die sich Menschen leisten, wenn sie von sich überzeugt sind. So kommt er auf sie zu, und so geht er an ihr vorüber. Wie eben jemand, für den es nie einen Anlass gibt, stehen zu bleiben, weil nichts so nah wird, um sich damit treffen zu wollen. Nicht einmal mit einem verwaisten Tannenbaum.
Sie hat das Bedürfnis, ihn in dieser Eitelkeit zu stören und ruft hinter ihm her: „Sie haben einen schönen Mantel an“, wobei sie weiß, dass er diesen Mantel viel zu selbstverständlich trägt, um sich auf Lob einlassen zu wollen. Und doch scheint er für eine Sekunde bereit zu sein, es anzunehmen. Aber darauf erfolgt die Überzeugung, dass sie sich Unerlaubtes erlaubt, nämlich seine Auffassung von Rangordnung auszuhebeln. Aber sie weiß eben, dass Lob sich auch als Machtverhältnis interpretieren lässt. Und das war ihre Absicht, ihn zu verletzen in seiner ablehnenden Haltung. Dabei steht sie ihm genauso gut wie der Mantel. Beides vererbt, angeboren, wie auch die Gewissheit, sich nicht in Lebensumstände eintragen zu müssen, die außer ihm stattfinden. Insofern ist auch Verachtung nicht sein

Instrument, wie bei vorsätzlicher Rücksichtslosigkeit, mit der sich Betrogene rächen. Er braucht keine Genugtuung, er hat auch sonst alles.

Nur seine Eitelkeit scheint ihn bedürftig zu machen und hilflos. Und so benimmt er sich auch, als er sich plötzlich zu ihr umdreht und zurückkommt, um den Tannenbaum mit einem Schwung an sich zu nehmen. „Gehört der Ihnen?" fragt sie ihn und erwartet dabei keine Reaktion, weil sie befürchtet, zu intim zu sein mit dieser Erkundigung. Aber er antwortet bereitwillig, so als hätte er nach Fragen gesucht: „Ja." „Haben Sie ihn vergessen?" „Nein." „Haben Sie ihn verloren?" „Nein." „Nicht vergessen, nicht verloren, warum steht er denn hier?" „Ich habe ihn gestohlen." „Ach so, Sie stehlen einen Tannenbaum, bekommen ein schlechtes Gewissen, entsorgen ihn dann auf diese Weise, um ihn schließlich doch mit nach Hause zu nehmen?" „Ich wollte ihn verschenken." „Er steht hier also als Geschenk? Sie stehlen einen Tannenbaum um ihn zu verschenken?" „Ich wollte unter Menschen sein." „Unter Menschen sein, sind Sie etwa ein Engel?" Auf diese Frage bekommt sie keine Antwort, aber eine Erklärung zu seinem Verhalten: „Ich wollte Heiligabend mit einem Gefühl aus meiner Kindheit verbringen." „Deshalb muss man nicht zum Dieb werden, dazu reicht zum Beispiel auch ein geschmückter Tannenbaum." „Ich habe als Kind den Weihnachtsbraten für zwölf Gäste vom Küchenschrank gestoßen und dahin wollte ich zurück." „Zurück in diese Aufregung?" „Ja." „Haben Sie Tannenbaumschmuck?" „Nein." „Ich habe Tannenbaumschmuck, wir müssten die Kartons, in denen er aufbewahrt ist, aus dem Keller holen. Kommen Sie, wir schmücken ihn damit, helfen Sie mir den Baum in die Wohnung tragen."

Nach dem Frühstück verabschiedet er sich und nimmt die weiße Feder mit.

Stühlerücken

„Wir haben einen Stuhl zu wenig."
„Wozu?"
„Na für die Weihnachtsfeier."
„Welche Weihnachtsfeier?"
„Für das Frauentreffen am Mittwoch, da kommen sie erstmalig zu mir, das geht reihum. Sieben Frauen sind wir und nur sechs Stühle."
„Dann nimm doch den Hocker aus dem Badezimmer."
„Und wer soll da drauf sitzen?"
„Na, der, der zuletzt kommt."
„Also, wer da drauf sitzt, der fühlt sich bestimmt vernachlässigt."
„Dann setz du dich drauf."
„Wie stellst du dir das vor, bei meiner Fülle? Da sitze ich mehr drüber als drauf."
„Dann nimm meinen Schreibtischstuhl."
„Wie sieht das denn aus?"
„Da kannst du wenigstens drauf sitzen."
„Deswegen wird es nicht gemütlicher."
Oder einen Klappstuhl aus dem Garten."
„Dann können wir uns ja gleich da treffen."
„Dann lade eine aus."
„Mehr fällt dir dazu nicht ein?"
„Mir ist genug dazu eingefallen, aber irgendwie komme ich mir wie im Märchen vor, welches war das noch? Da wurde eine Fee nicht eingeladen und die hat sich dann gerecht."
„Dornröschen."

„Genau, die wurde dann in einen tiefen Schlaf geschickt."
„Doch sie wurde wachgeküsst."
„Aber erst nach hundert Jahren, was für Aussichten nur wegen eines fehlenden Stuhles!"
„Der Tisch könnte ausgezogen werden und dann würden zwei weitere Stühle daran passen."
„Und wohin mit den beiden Stühlen, wenn der Tisch wieder seine ursprüngliche Größe hat?"
„Wir könnten ihn ausgezogen lassen."
„Dann haben wir keinen Platz für den Tannenbaum."
„Den stellen wir nur einmal im Jahr auf, im Übrigen könnten wir uns für einen Kleineren entscheiden."
„Aber auch der Schrank müsste zur Seite gerückt werden, und mit ihm der Fernseher und die Sitzgruppe. Und alles nur, weil du diese Frauengruppe beeindrucken willst, die nicht viel öfter im Jahr kommt als ein Tannenbaum aufgestellt wird, räumen wir unser ganzes Wohnzimmer um."
„Wir könnten dann auch einen besseren Platz für deinen PC-Schreibtisch aussuchen."
Und weil die beiden sich schließlich einigen, werden zwei neue Stühle gekauft, passend zum Set.
Und dann ist der Tisch gedeckt, mit Kuchen und Keksen, auf Weihnachtstischdecke und Weihnachtsservietten. Drumherum Kerzenschein und alles im gemütlichen Kaffeegeruch. Nach und nach trudeln nun die Gäste ein, was jeweils in einer ausgiebigen Begrüßungswelle mündet. Wobei die Gastgeberin allerdings ihre Verstimmung darüber, dass Hannelore zwei Frauen als neue Mitglieder vorstellt, kaum verbergen kann.

Trennungsschmerz

„Lara, was wünscht du dir denn vom Weihnachtsmann?“ fragt die Oma die Vierjährige. „Ein Fahrrad“, antwortet die Kleine ohne zu zögern. „Aber du hast doch ein Fahrrad, noch ein ziemlich neues.“ „Ich wünsche mir aber ein Fahrrad vom Weihnachtsmann“, trotzt Lara nun. „Und was wünscht du dir noch?“ „Einen großen Teddy“, kommt es wieder wie aus der Pistole geschossen. „Aber einen Teddy hast du doch auch schon.“ „Ich wünsche mir aber einen Teddy, einen großen Teddy, so groß wie meiner, ganz genau so“, noch trotziger kommt diese Antwort. „Was willst du denn mit zwei großen Teddys?“ fragt die Oma inzwischen ziemlich verwundert. Doch Lara ist den Tränen nahe und die Oma fragt nicht weiter, lenkt das Kind mit einer Karussellfahrt auf dem Weihnachtsmarkt ab.

„Sag mal Yvonne, dein Kind wünscht sich alles was sie schon hat.“ „Ja Mutter, sie möchte alles doppelt haben, sie wünscht sich ein Fahrrad, einen großen Teddy, eine Babybornpuppe, eine Barbiepuppe mit Pferd, einen Plüschhund usw. Alle die Spielsachen, die sie hat, wünscht sie sich noch einmal. Nur ein Metallbett für die Babybornpuppe, das hat sie noch nicht und das wünscht sie sich zweimal.“ „Zweimal? Könnten diese ungewöhnlichen Wünsche von Lara etwas mit deiner Schwangerschaft zutun haben?“ „Ich weiß es nicht, wenn ich sie frage weicht sie aus. „Lara“, ruft die Oma, und Lara kommt aus dem Kinderzimmer. „Warum wünscht du dir zwei Metallbetten für deine Puppe, eins reicht doch völlig. Du hast doch auch nur ein Bett, wir haben alle nur ein Bett zum schlafen." „Ja, aber Ulf hat gesagt, wenn ich noch eine Schwester kriege oder einen Bruder, dann muss ich alles teilen!"

Und nun überstürzen Mama und Oma sich mit Trösten und erklären Lara, dass man im engeren Sinne eigentlich nur Schokolade teilen kann, jedenfalls keine Fahrräder oder Teddys oder anderes Spielzeug, und verzichten dabei auf pädagogische Aspekte des Teilens hinzuweisen, zumal das Kind skeptisch bleibt. Und deswegen bekommt es auch ausnahmsweise zwei Metallbetten zu Weihnachten, sozusagen als Vorschuss-vertrauensbonus, wegen der Mutterliebe, die ihr jetzt noch ganz allein gehört.

Trickreich

„Papa, Jens hat gesagt, wenn ein Stern vom Himmel fällt, dann kann man sich was wünschen. Man darf den Wunsch aber nicht weitersagen, sonst erfüllt er sich nicht. Erfüllen sich die Wünsche dann immer, wenn man sie nicht weitersagt?“ „Ich weiß es nicht, ich habe noch keinen herunterfallenden Stern gesehen.“ „Noch nie?“ „Doch, irgendwann schon, aber ich habe dann vergessen mir etwas zu wünschen.“ „Und wenn du das nicht vergessen hättest, hätte sich dein Wunsch dann erfüllt?“ „Vielleicht.“ „Papa, und wo fallen die Sterne hin, wenn sie herunterfallen?“ „Sie fallen nirgendwo hin, sie verglühen bereits, bevor sie die Erde erreichen.“ „Aber vorher erfüllen sie noch einen Wunsch?“ „Ja.“ „Papa, und wenn die Sterne alle herunterfallen und verglühen, dann haben wir bald keine Sterne mehr und können uns nichts mehr wünschen.“ „Es werden immer neue Sterne geboren.“ „Ach so. Und die Sterne fallen auch hier bei uns vom Himmel?“ „Sie fallen auf der ganzen Welt vom Himmel, nachts und am Tag. Nur am Tag kann man sie nicht sehen, weil es hell ist.“ „Und wenn man sie nicht sieht, dann kann man sich auch nichts wünschen.“ „So ist es.“ „Die Kinder können sich auch nachts nichts wünschen, weil sie dann keine Sterne angucken dürfen, weil sie dann schlafen müssen.“ „Du kannst uns ja deinen Wunsch mitteilen und wir geben ihn weiter, wenn wir einen Stern vom Himmel fallen sehen.“ „Aber dann geht der Wunsch doch nicht in Erfüllung, weil dann ist er doch kein Geheimnis mehr.“ „Och so ja, aber du kannst dir ebenso gut etwas vom Weihnachtsmann wünschen, der kommt ja bald und der erfüllt alle Wünsche.“ „Danke Papa, das wollte ich nur wissen.“

Überfordert

„Hast du Peter gefragt, ob er uns wieder seinen Anhänger leiht? Das heißt, vielleicht brauchen wir ihn gar nicht, was meinst du? Oder müssen wir jedes Jahr immer so einen großen Tannenbaum kaufen? Reicht nicht auch ein kleinerer? Helga hat sich auch eine kleine Tanne gekauft und die sieht wunderschön aus. So ein kleiner Tannenbaum würde vielleicht auch auf das Autodach passen? Weiß du, wo der Gepäckträger ist? Haben wir den nicht schon im letzten Jahr gesucht? Glaubst du, dass er noch im Garten ist? Wo könnten wir ihn sonst gelassen haben? Vielleicht passt so ein kleinerer Baum ja auch in den Kofferraum? Wenn du die hinteren Sitze nach vorne klappst? Haben wir noch diesen roten Wimpel, wegen Gefahrengutkennzeichnung? Also so langsam müssten wir uns schon um einen Tannenbaum kümmern, bevor die Besten verkauft sind. Wollen wir das Samstag machen? Oder soll Peter uns wieder einen mitbringen? Hat der irgendwelche Händlerbeziehungen, denn für seine Größe war der recht preiswert. Vielleicht war das auch nur ein Mengenrabatt, wenn er für alle Nachbarn einkauft. Rufst du ihn an? Wann machst du das? Das könntest du eigentlich gleich mal machen, oder was hast du vor? Denkst du daran, dass Nicole nachher wieder Adventssingen hat? Bringst du sie hin? Könntest du auf dem Rückweg bei der Reinigung vorbeifahren und unsere Sachen abholen? Oder wie fährst du? Der Abholschein liegt auf dem Garderobenschrank. Hast du ihn schon gesehen? Kannst du auch ein paar Kerzen für den Adventskranz mitbringen? Die sind runtergebrannt. Dunkelrote und dickere, guckst du mal?

Und Geschenkpapier mit Weihnachtsmotiven, weiß du, was ich meine? So eher klassisch im Motiv als kitschig. Soll ich dir das aufschreiben? Oder soll ich die Weihnachtsgeschenke diesmal gar nicht einpacken? Nach der Bescherung sieht es immer aus wie auf einem Schlachtfeld, überall liegen Papierschnipsel rum. Aber du lässt dich auch ganz gern überraschen, ja? Also ich sollte mir doch die Mühe wieder machen, sie einzupacken? Aber was hältst du davon, wenn ich diesmal keine Namenskärtchen an die Päckchen mache? Also Sven wird sicher in einem solchen Fall eilig alle großen Päckchen in seine Obhut bringen, bevor die anderen überhaupt mitbekommen haben, worum es geht. Bring man lieber noch solche Kärtchen mit oder was meinst du?" „Ich meine, dass ich die Zeit herbeisehne, in der du mir nur eine einzige Frage am Tag stellst, nämlich die, ob ich ein Ei zum Frühstück möchte."

Überraschungseffekt

Sabine schimpft: „Alle drei Heiligabend nicht zu Hause!“ Holger, ihr Mann versucht zu trösten: „Sie kommen ja.“ „Und wann? Haben sie das gesagt?“ „Nein.“ „Also, wer zur Bescherung nicht da ist, geht leer aus! Und wo sie sind, wissen wir auch nicht.“ „Soll wohl eine Überraschung sein.“ „Eine Überraschung? Ich bin wahrlich sehr überrascht darüber, dass meine drei Söhne so mir nichts dir nichts Heiligabend verschwinden. Halten sich wohl alle bei ihren Freundinnen auf? Dabei hat Marc doch gar keine Freundin, wo steckt der also? Und Felix, die ist doch noch ziemlich neu seine Freundin, also zu neu finde ich, um gerade Heiligabend einen Antrittsbesuch bei deren Eltern zu machen. Das ist doch eher peinlich, das sieht doch so aus, als hätte der Junge kein Zuhause. Oder findest du nicht? Auch, dass Sven uns heute sitzen lässt, heute am Heiligabend, ist nicht nachvollziehbar. Da lümmelt er lieber bei seinen Schwiegereltern in Spee rum, und wohl nur, weil Carola ein eigenes Zimmer hat. Oder kannst du dir einen anderen Grund vorstellen?“ „Na ja, sie werden halt flügge.“ „Aber doch nicht Heiligabend plötzlich und dann alle drei auf einmal! Für wen schmücken wir denn den Tannenbaum, bereiten ein Weihnachtsfestessen, sparen wo wir nur können, um Wünsche zu erfüllen? Für wen frage ich dich? Doch für die Jungs!“ „Na ja“, sagt Holger und ist weiterhin um Entspannung bemüht, „wir haben sie zur Selbstständigkeit erzogen und nun sollten wir uns über das Ergebnis nicht wundern. „Aber Sabine lässt sich nicht umstimmen: „Nicht wundern? Anscheinend haben wir dabei vergessen, ihnen ein Gewissen beizubringen, das einen sensiblen Umgang mit den eigenen Eltern garantiert. So ein egoistischer Haufen! Es hätte doch wenigstens einer der Jungs zu Hause bleiben können, sozusagen anstandshalber, und mit uns feiern. Also von wegen Fünf-Sterne-Hotel Mama, das wird sich auf einen Stern in der Zukunft reduzieren, das sage ich dir!" Und dann erfolgt ein winziger besorgter Abstecher zu ihrem Mann: „Hast du Hunger?" Doch bevor er sich zu dieser Frage äußern kann, klingelt es an der Haustür. Und davor stehen drei leidlich erwachsene, ziemlich unsensible, egoistische Söhne, frierend und hungrig und einigermaßen verdächtig in roten Weihnachtsmännermänteln, mit Kapuze auf und Bart um. Abwechselnd stolpern sie mit Erklärungen heraus: „Wir wurden als Ersatzweihnachtsmänner gebucht." „Wir haben uns für Heiligabend eintragen lassen, weil es da mehr Geld gibt." „Das hat geklappt, zum Glück, weil unter 18-Jährige-ährige nehmen sie nur in Ausnahmefällen." „Wir haben es euch nicht gesagt, weil ihr es uns verboten hättet." „Zum Glück, wessen Glück?" fragt Sabine skeptisch. „Na deines Mama, von dem Geld, das wir verdient haben, wollen wir dir einen Geschirrspüler zu Weihnachten schenken." „Wieso mir? Ihr wascht künftig ab!" „Ach Mama." Und Mama wird versöhnlicher, zumal sie schon längst ausgemessen hat, wo so ein Geschirrspüler in der Küche hinpassen könnte. Und wohl auch, weil sich ihre vier Männer aus eigenem Antrieb als Tester zur Verfügung stellen, um vorab schon mal die Arbeitsentlastung durch einen Geschirrspüler nach einem Fünf-Gänge-Weihnachtsmenü für fünf Personen zu ermitteln.

Uneigennützig

„Jetzt hast du die Weihnachtsgeschenke im Bus liegengelassen."
„Wieso ich, du hast sie doch getragen."
„Also im Bus habe ich sie nicht getragen, da lagen sie auf dem Sitz."
„Neben dir!"
„Und dir gegenüber, in deinem Blickwinkel!"
„Und weil sie mir gegenüber lagen, in meinem Blickwinkel, habe ich sie vergessen?"
„Du hättest spätestens beim Aussteigen merken können, dass ich sie nicht dabeihabe."
„Nun erklär mir bitte mal, wie ich merken soll, dass du etwas vergisst."
„Auf jeden Fall bist du nicht unbeteiligt daran, dass ich sie nicht mehr dabeihabe."
„Und das hältst du mir jetzt die nächsten fünfzig Jahre vor?"
„Was, so alt willst du werden?"
„Mit dieser Schuld bestimmt nicht."
„Wenn du deinen Hut vergisst, merke ich das ja auch sofort."
„Also das ist keine Leistung von Aufmerksamkeit, ich trage immer einen Hut, während Weihnachtsgeschenke im Bus mir nur im Dezember gegenüberliegen können."
„Ich kann mir ja angewöhnen, Weihnachtsgeschenke auf dem Kopf zu tragen."
„Was für ein Aufwand, nur damit ich sie nicht vergesse."

„Was heißt nur? Wir haben jetzt keine Weihnachtsgeschenke für die Kinder."
„Das stimmt."
„Also gibst du es zu."
„Was soll ich zugeben?"
„Dass du die Weihnachtsgeschenke im Bus liegen gelassen hast."
„Meinetwegen, um des lieben Friede willen."
„Gut, dann können die Kinder dir wenigstens verzeihen."

Vorsätzlich

Sohn Sven pocht nachdrücklich darauf, in diesem Jahr Weihnachten keinen echten Tannenbaum zu kaufen, sondern einen Künstlichen. Einerseits freuen sich die Eltern darüber, dass ihr Sohn kein Bandenmitglied geworden ist, sondern ein Umweltschützer. Andererseits aber hätten sie lieber einen lebendigen Tannenbaum. Als Kompromiss bieten sie ihm deshalb an, nur einen kleinen Baum zu kaufen. Aber Sven ist empört: „Gerade aus so einem kleinen Tannenbaum kann noch viel werden. Ihr nehmt ihm sein Lebensziel, nämlich zu wachsen und die Luft sauber zu halten!" Bei so viel inbrünstiger Anteilnahme an den Bedingungen der Natur fühlen sich die Eltern spontan schuldig und verteidigen sich deshalb: „Solche Bäume werden doch extra als Weihnachtsbäume gepflanzt." „Aber nur deshalb, weil damit viel Geld zu verdienen ist", klärt Sohn Sven auf. „Ich will jedenfalls keine Bescherung unter einem wirklichen Tannenbaum, da verzichte ich lieber!" Er scheint es ernst zu meinen, aber die Eltern trauen sich trotzdem nachzufragen: „Dann willst du keine Geschenke haben?" „Geschenke kann man auch unter eine künstliche Tanne legen." „Weihnachtsgeschenke unter einem künstlichen Tannenbaum?" erregt die Mutter sich nun. „Darauf stecken dann Plastikkerzen, darin hängen Plastikkugeln und blinkende Plastikweihnachts-figuren, alles bezahlt mit Plastikgeld, passend zur ebenso künstlichen Weihnachtsstimmung." „Der Vater macht einen Vorschlag zur Güte: „Wir könnten uns einen Tannenbaum im Topf kaufen." Aber Sohn Sven lässt auch diese Alternative nicht gelten: „Die lassen sich nicht wieder einpflanzen, das ist auch so eine Verkaufsstrategie." „Stimmt nicht", hält die Mutter dagegen. „Bei Oma und Opa gedeihen die wieder eingepflanzten Tannen im Garten prächtig." „Das sind Ausnahmen." „Komisch, alle bei Oma und Opa?" „Wenn ihr eine Plastiktanne kauft", rechnet Sohn Sven nun vor, „die ewig hält, dann spart ihr jedes Jahr circa einhundertundzwanzig Euro, der Kaufpreis einer echten Tanne in der üblichen Größe." „Nicht in diesem Jahr, da muss die Plastiktanne erst angeschafft werden", korrigiert der Vater. „Gut, aber die folgenden Jahre. Und von dem Geld, das ihr auf diese Weise einspart, könntet ihr mir neben dem Mofaführerschein auch ein Mofa zu Weihnachten schenken." „Daher weht also der Wind, was für ein faules Ergebnis!" Entrüstet sich die Mutter. Und auch der Vater ist sich inzwischen über die edlen Motive seines Sohnes, die er ursprünglich vermuten ließ, nicht mehr sicher und fragt ihn deshalb: „Und worin liegt nun der Schwerpunkt deines Interesses, ich meine, wie heißt der Verein, dessen Ideen du vertrittst, Mofaclub oder Umweltschutz?" Und etwas verschmitzt gesteht Sohn Sven: „Der Verein heißt Susanne."

Wahrheitsfindung

„Die haben keinen Bart mitgeschickt, jetzt haben wir den Salat! Ohne Bart werden die Kinder dich sofort erkennen," zickt Sabine, Hausfrau und Mutter dreier Kinder und sieht ihren Mann dabei vorwurfsvoll an. „Außerdem", fügt sie ahnungsvoll hinzu, „wenn du ohne Bart den Weihnachtsmann spielst, dann ist die Kleine um eine Illusion ärmer." „Du brauchst mich gar nicht so anzugucken, ich kann nichts dafür, dass du das alte Kostüm verschenkt hast", verteidigt sich Rolf, Fliesenleger und Vater derselben Kinder. „Und ich kann nichts dafür, dass du so dick geworden bist", meckert Sabine zurück. „Du hättest ja den Bart nicht mitverschenken müssen." „Dann hätten die jetzt unser Problem, findest du das fair?" Darauf antwortet Rolf nicht, stattdessen hat er einen Vorschlag: „Ich könnte doch die Kapuze vom Weihnachtsmannmantel über den Kopf ziehen und Löcher für die Augen reinschneiden, also ein Bart wäre dann überflüssig." Ein recht hilfloser Versuch von Rolf die Situation zu retten, findet Sabine und eigentlich liebt sie ihn für solche völlig neben dem Leben herlaufenden Einfälle, ist aber eben nicht einverstanden damit: „Dann siehst du aus wie ein Butzemann, und die Jungs werden sich kaputtlachen und Tina wird einen Schock fürs Leben davontragen. Nein, nein, ohne Bart geht das nicht. Und wieso hast du das Kostüm nicht vorher schon mal anprobiert? Das Paket steht seit Tagen im Schlafzimmer, dann hättest du merken können, dass kein Bart mitgeschickt wurde und es wäre noch früh genug gewesen, um für Ersatz zu sorgen. Jetzt, zwei Tage vor Heiligabend kannst du das vergessen.“ „Das Paket war offen,“ erklärt Rolf sein sorgloses Vorgehen, „ich dachte, du hättest schon nachgesehen, ob alles drin ist, insofern habe ich mich nicht weiter darum gekümmert.“ „Und ich dachte, du hast es geöffnet, also können es nur die Kinder gewesen sein und haben den Bart geklaut?“

Und das ist nun die Frage: Wer hat den Bart aus dem Paket genommen? Große runde beim Abendessen. „Wer war in unserem Schlafzimmer, in der verbotenen Zone zur Weihnachtszeit wie ihr alle wisst, und hat da ein Paket geöffnet und etwa herausgenommen?“ Eine strenge Frage an die Drei. Doch die Jungs bleiben cool, keiner von ihnen fühlt sich zuständig. Aber Tina rutscht verdächtig schüchtern auf ihrem Stuhl herum. „Na, warst du das?“ fragt Rolf nun etwas milder. Und ein ganz ganz leises „Ja“ kommt von dem Platz ihm gegenüber. Und dann etwas lauter: „Ich habe den Bart da rausgeholt.“ Und dann ziemlich laut: „Weil ich endlich mal einen echten Weihnachtsmann sehen will, einen der vom Himmel kommt und nicht wie du aus dem Badezimmer mit angeklebtem Bart!“

Wann ist Weihnachten?

Ich frage das Nachbarskind, das ich vor der Haustür treffe: „Wann ist Weihnachten?“ Erst stumm und nachdenklich, den Blick zum Himmel rollend, schließlich strahlend und voller Vorfreude antwortet es:“ Wenn es Geschenke gibt.“ „Weihnachten“, so erzählt sie eifrig weiter, „ist wie Geburtstag, da bekomme ich auch Geschenke. Aber an meinem Geburtstag bekomme ich allein Geschenke und zu Weihnachten bekommen alle Geschenke. Ich habe auch schon Geschenke gebastelt, Strohsterne. Zu meinem Geburtstag kommen Oma und Opa zu uns und Weihnachten besuchen wir Oma und Opa. Opa überweist dann immer Geld auf mein Sparbuch. Wenn ich groß bin, kaufe ich mir davon ein Haus. Mein kleiner Bruder glaubt noch an den Weihnachtsmann. Ich weiß schon Bescheid, verrate aber nichts. Soll ich dir mal ein Gedicht aufsagen?“ Und mit der ganzen Leidenschaft einer Sechsjährigen, die sich auf Weihnachten freut, sagt sie mir ein Gedicht auf und verschwindet dann schnell mit einem ausgedehnten: „Tschühüss.“
Ich frage ihre ältere Schwester, die gerade dabei ist, ihr Fahrrad aus dem Keller zu holen. „Wann ist Weihnachten?“ Zunächst scheint es so, als wolle sie sich auf diese Frage nicht einlassen, aber dann erzählt sie doch: „Weihnachten wünsche ich mir meistens etwas zum Anziehen. Meine Mutter kauft dann mit mir ein. Das ist vielleicht anstrengend, weil sie einen ganz anderen Geschmack hat als ich. Aber ich gebe dann auch nach, weil ich kann das ja später wieder umtauschen. Oma und Opa schenken immer Geld, das finde ich

am Besten. Dafür muss ich dann ein Gedicht aufsagen. Also cool finde ich das nicht, aber sie haben nichts dagegen, wenn es immer dasselbe ist. Wenn Mama zu singen anfängt, finde ich das ziemlich peinlich immer." „Und wann ist Weihnachten", frage ich sie noch einmal. „Wenn Bescherung ist."
Ich frage die Kunststudentin, die ständig einen viel zu großen Mantel trägt. Ich treffe sie am Briefkasten: „Wann ist Weihnachten?" „Mein Freund und ich sind allergisch gegen weihnachtliche Heuchelei und drücken das aus, indem wir unseren Tannenbaum mit Ostereiern behängen. Aber so ganz wollen wir uns den Feierlichkeiten eben doch nicht entziehen, wegen der Geschenke, da denken wir ganz pragmatisch. Zumal die Eltern inzwischen erkannt haben, dass sie uns mit Geldgeschenken die größte Freude machen können. Ja, und dann ist Weihnachten."
Das junge Paar, mit dem quietschvergnügten Kind, das gerade erst eingezogen ist, begegne ich im Treppenhaus und frage es: „Wann ist Weihnachten?" „Wir haben in diesem Jahr selbst ein Christkind in der Wiege liegen und erst, wenn das den Unterschied zwischen Tag und Nacht erkennt, werden wir uns um so etwas wie Weihnachtsstimmung kümmern können. Obwohl, mit Spielsachen als Weihnachtsgeschenk von Verwandten und Freunden, ist unser Kind bereits für die nächsten fünf Jahre eingedeckt".
Ich frage die Mittfünfzigerin, die in der großen Wohnung im Erdgeschoss wohnt. Ich treffe sie beim Müll heraustragen: „Wann ist Weihnachten?" „Heute ist es leider so", bedauert sie, „dass die Geschenke abgesprochen werden und wir dann meistens einen Zuschuss zum Kauf beisteuern, jedenfalls bei den Kindern und Enkelkindern. Na ja, das ist ja auch eine ganz praktische Lösung. Aber alle bekommen auch ein Überraschungsgeschenk, das dann unter dem

Weihnachtsbaum liegt. Mein Mann besorgt immer den Tannenbaum und schmückt ihn auch. Und Weihnachten ist, wenn die Geschenke alle schön verpackt und mit Namensschildern versehen unter dem Tannenbaum liegen, der Weihnachtsbraten auf dem Tisch steht und alle in Festtagskleidung und Festtagsstimmung drum herum sitzen."
Und ich klingel an der Haustür der alte Frau auf der anderen Seite des Flures, von der ich weiß, dass sie die Feiertage allein verbringt. Als sie öffnet, frage ich sie: „Wann ist Weihnachten?" Sie bittet mich in ihre Wohnung, in die Küche, wo der Tisch gedeckt ist, so als hätte sie mich erwartet. Schweigend gießt sie Kaffee in die Tassen und kramt eine alte Keksdose aus dem Schrank hervor, die sie dazustellt. „Genau genommen beginnt Weihnachten erst Heiligabend und endet am Tag der `Heiligen drei Könige,` also dem sechste Januar", erzählt sie nun. „Die Zeit davor ist die Adventszeit, die Vorbereitungszeit auf das Weihnachtsfest. Diese Vorbereitungszeit war bei uns ausgefüllt mit basteln, singen und Geschichten erzählen. Und immer roch es nach gebackenen Keksen, weil die Mutter ständig für Nachschub sorgen musste. Wir waren eine große Familie. Ich habe früher auch viel selbst gebacken. Diese Kekse hier in der Dose sind vom Bäcker, die schmecken auch ganz gut. Für mich allein habe ich wenig Lust zum Backen. Aber wenn ich backe, dann vor allem wegen des Geruchs. Wenn der durch die Zimmer zieht, dann bin ich in meine Kindheit versetzt, dann bin ich wieder zu Hause. Und dann sitzen wir alle um den großen Tisch herum, in der warmen Wohnküche, bei knisterndem Ofenfeuer, zischenden Bratäpfeln, raschelnden Papierbögen und anderem Bastelmaterial, und dem Geräusch von Stricknadeln. Denn während die Mutter uns Weihnachtsgeschichten vorlas, strickte sie. Es war die Zeit der

Heimlichkeiten und der Vorfreude und des Besinnens auf gütigere Lebensbedingungen. Die Speicherkammern waren voller Vorräte aus der Ernte. Der Hof gehörte den Großeltern. Onkel Fritz wohnte da auch mit seiner Familie.
Für uns Kinder war es immer eine lange Zeit bis zur Bescherung. Die Tür zur Wohnstube wurde verschlossen, sobald der Tannenbaum aufgestellt war. Auch der kleine Raum auf dem Boden, da konnte man nur auf der Fensterseite aufrecht gehen, war zur Vorweihnachtszeit für uns Kinder versperrt. Da hatte der Vater sein Werkzeug, und wir hörten ihn Weihnachtsgeschenke zimmern. Der Raum lag direkt über unserem Schlafzimmer. Abends im Bett horchten wir dann gespannt und rätselten, schlossen Wetten ab, mit welchem Werkzeug er wohl gerade arbeitete und woran und für wen das Geschenk sein könnte und platzten fast vor erwartungsvoller Neugier. Jeder von uns bekam zwei Geschenke zu Weihnachten, ein Nützliches und eines zum Spielen. Und wenn Heiligabend die Mutter dann mit der Glocke das Signal zur Bescherung gab und wir in die Weihnachtsstube durften, waren wir alle sehr aufgeregt. Aber bevor wir unsere Geschenke entgegennehmen durften, musste jedes von uns Kindern erst ein Gedicht aufsagen oder ein Lied singen und das dauerte bei Fünfen! Ja, und Weihnachten ist, wenn die Gerüche die Erinnerung bringen."
Am nächsten Tag durchzog das ganze Treppenhaus ein Geruch von selbstgebackenen Keksen. Und am Abend stand vor jeder Haustür ein Beutel mit Weihnachtskeksen.
Jetzt ist Weihnachten!

Wegweiser

Das Reihenhaus, in dem er wohnte, war zu groß geworden, um sich zu begegnen seitdem die Kinder ausgezogen sind. Und zu selbstverständlich der Ehealltag für Fragen. Dennoch hat er sich dort wiedererkannt – bis zu dem Tag, als ein anderer einzog.
Die Kinder sollen ihn Weihnachten nicht als Verlassenen erleben. Deshalb wird er auch diesmal die Feiertage nicht bei ihnen verbringen, sondern wieder in dieser Pension und hoffentlich in demselben Zimmer. Es hat sich genug verändert in den letzten Jahren. Und dabei ist nicht viel von ihm übrig geblieben, was ihn sonst ausgemacht hat.
Und darum ist es gut, jetzt einfach nur geradeaus zu gehen, geradeaus durch die Stille Nacht, auf diesem breiten langen Weg, der keine Abzweigungen hat, die ihn zu Entscheidungen zwingen könnten. So leicht war schon lange nichts mehr. Hoch gewachsene Tannen rechts und links zu seinen Seiten, die sich vor ihm teilen und hinter ihm wieder schließen. Sie beugen sich mit der Nacht um ihn herum, wie um ihn zu beschützen. Am Ende des Weges erhebt sich der Himmel, übergangslos, so als könne er geradewegs zu ihm hinaufgehen, bis zu den Sternen. Vorbei an abgelegenen Höfen, nur zu erahnen zwischen den dichten Tannenhecken. Doch bereits aus der Ferne durch die Strahlen aus erleuchteten Fenstern als Vertrautes erfasst. Vertrautes, das vom Wind bewegte wippende Zweige zu ihm herüberwirbeln, wie flackerndes Licht von Weihnachtskerzen. Dort wohnen Menschen, die miteinander aufgewachsen sind. Er ist aus solch einem Miteinander herausgewachsen, ohne

sich darum bemüht zu haben. Deshalb ist es auch unbedeutend, wenn er sich verlaufen hat. Er bemerkt erst jetzt, das ist nicht der Weg zur Pension aber es gab keinen anderen vom Bahnhof aus. Ist er an der falschen Station ausgestiegen? Oder in die falsche Richtung gegangen? Er weiß es nicht, er will es auch nicht wissen. Es reicht, wenn er weiß, dass heute Heiligabend ist. Und so geht er weiter geradeaus, durch die längste Nacht des Jahres und horcht auf seine Schritte, die knarrende Geräusche im lockeren Schnee erzeugen. Sonst nimmt er sich nichts vor. Und wer sich nichts vornimmt, der kann sich auch nicht verlaufen, der ist überall am Ziel. Der hat auch keine Schuld, der ist viel zu unwichtig dafür. Er wirft seinen Schal enger um den Hals. Dann sieht er Fußspuren im Schnee. Aber während seine am Bahnhof beginnen, kommen diese von nirgendwo her. Sie wurden einfach mitten auf dem Weg in den Schnee gedrückt, so als wäre jemand vom Himmel herunter gekommen und auf der Erde weiter gegangen. Er folgt den Spuren. Sie führen ihn zu einem Haus, eines von denen, die sich aus der Ferne vermuten ließen. Ein Mann steht in der halb geöffneten Tür, als hätte er ihn erwartet. Er fordert ihn auf, hereinzukommen. Hereinkommen in ein Weihnachtsgefühl, zu Menschen, die auf ihn warten? Er zögert. Und als wolle er sich für seine Anwesenheit auf einem fremden Hof entschuldigen, deutet er auf die Spuren hinter sich im Schnee. Aber bevor er sich weiter dazu erklären kann, antwortet der Mann:" Ich weiß", und wiederholt seine Einladung: „Kommen Sie herein, jeder ist willkommen heute Nacht, er muss nur eine Weihnachtsgeschichte erzählen können." „Eine Weihnachtsgeschichte?" „Ja, zu Weihnachten sind alle Geschichten Weihnachtsgeschichten. Wussten Sie das nicht?"

Seine Weihnachtsgeschichte beginnt mit den rätselhaften Spuren im Schnee.

Weihnachtszauber

Kleine Tannenbäume auf einem weiten Feld, im winterliche Geschehen. In ihren Nadeln versammeln sich blinkende Schneekristalle, stapeln sich wie Zuckerwatte auf ihren Zweigen. Umtanzt von Sonnenstrahlen, die sich sanft in sie drehen, bis hinunter zu den dünnen Stämmen, um die der Wind kleine Schneehügel geschoben hat. Eine Postkartenidylle. So präsentieren sie sich den Kaufinteressierten.
Viele Tannenbäume sind schon verkauft für das Weihnachtsfest, unter den Arm gepackt, transportiert auf Autodächern, oder Fahrrädern und stehen nun auf Balkonen, Kellern oder Garagen, und warten voller Vorfreude auf ihren Einsatz, um als Hauptattraktion in den Stuben zu glänzen. Festlich geschmückt, von aufgeregten Kindern bestaunt und stolzen Eltern präsentiert, gelobt von Gästen.
Die Bäume, die noch nicht verkauft sind, gedulden sich im Schnee, und werden immer schöner und stolzer dabei, jedes Jahr ein bisschen mehr. Ihnen gleich macht es ein krummer Tannenbaum, obwohl er weiß, dass auf seine krumme Spitze keine Spitze passt, bleibt auch er zuversichtlich. Inzwischen ist er der größte Baum von allen, weil er schon länger auf einen Käufer wartet als seine Artgenossen. Und die wundern sich über seine Geduld und seine Hoffnung und fragen sich, wo von er wohl träumen mag. Dabei ist so ein Tannenbaum doch höchstens für ein Möbelstück geeignet, für ein Bett oder einen Schrank oder einen Tisch vielleicht. Und sie tuscheln, dass er dann aber noch wachsen müsse, um einen dicken Stamm zu entwickeln, damit sein Holz für ein Bett,

einen Schrank oder einen Tisch taugt. Doch eines Tages hängt der Händler ein Schild um seine Zweige und darauf steht: verkauft. „Verkauft für die Streichhölzerproduktion oder sonst irgendein Abfallprodukt“, lästern die anderen Bäume. Aber bevor der Abend die Dämmerung in das Land schiebt, werden sie erfahren, dass der krumme Baum für eine besondere Aufgabe in der Weihnachtsnacht ausgesucht wurde.

Eine Schulklasse holt ihn ab. Sie will ihn auf dem Schulhof aufstellen und mit allerlei bunter Weihnachtsdekoration schmücken. Auch seine geneigte Spitze, die in die Himmelsrichtung zeigen soll, wo vor vielen hundert Jahren der Stern von Bethlehem aufging, der die Geburt eines Kindes ankündigte, für dessen Huldigung sich Tannenbäume schmücken lassen.

Wink mit dem Zaunpfahl

„Wie ist das eigentlich, Benno?“ fragt Susanne ihren Mann, „am Nikolaustag, haben die Kinder dann zwei, also ein Paar Schuhe vor die Tür gestellt oder nur einen Schuh?“ „Und wozu ist das nun wichtig?“ Benno reagiert gereizt, weil er sich beim Zeitungslesen gestört fühlt. „Na ja, weil in zwei Schuhe mehr reinpasst.“ „Also, was die Schuhe betrifft, die standen immer alle draußen im Treppenhaus vor der Tür, wild durcheinander, bis auf meine, die waren stets ordentlich im dafür zuständigen Schuhregal im Treppenhausflur verstaut.““Das stimmt“, bestätigt Susanne, „bis auf den Nikolaustag, da waren auch alle anderen Schuhe geputzt und standen feinsäuberlich im Regal. Dieser Tag war eine Garantie für saubere Schuhe und einen aufgeräumten Eingang.“ „Ja“, ergänzt Benno, „nur meine Schuhe standen an diesem Tag nicht im Schuhschrank, die wurden nämlich als Nikolausschuhe zweckentfremdet und zwar alle meine Schuhe, die rechten wie die linken.“ „Nun ja“, verteidigt Susanne die Entscheidung der Kinder, „die waren halt am größten, da passte am meisten rein.“ „Und ich hatte keine Schuhe morgens fürs Büro, jedenfalls standen sie nicht am gewohnten Platz und dann waren sie auch noch voller Süßigkeiten“, empört Benno sich noch im Nachhinein. „Aber damals warst du doch recht stolz auf deine pfiffigen Jungs“, erinnert Susanne ihn und findet es witzig, dass Benno ihr nun einen schrägen Blick zwischen Zeitung umblättern und Beine übereinanderschlagen gönnt, so als wolle er ihr eine falsche Beobachtungsgabe unterstellen, unterstützt von der

Einschätzung: „Ist doch egal, wie viele Schuhe und wessen Schuhe vor die Tür gestellt werden zum Nikolaustag, die Kinder sind erwachsen und längst aus dem Haus." „Du hast Recht," stimmt Susanne ihm in plötzlicher Einsicht zu, „die Zeiten sind vorbei, außerdem, auch wenn ich die größten Schuhe rausstelle, die wir haben, ein neuer E-Herd, also ein Keramikkochfeld passt da eh nicht rein, obwohl er gerade im Angebot ist".

Wundertüten

„Du gehst da lang und ich gehe da lang. Wir kaufen diesmal die Weihnachtsgeschenke getrennt ein, einverstanden? Wir treffen uns dann im Cafe.“ Er ist nicht einverstanden, und er weiß auch nicht, was das soll, was sie vor hat. Jahrzehntelang besorgen sie die Weihnachtsgeschenke gemeinsam, suchen zusammen aus, was sie sich gegenseitig schenken wollen und nun soll er sie plötzlich überraschen? Womit? Im Gegensatz zu ihr ist er völlig ungeübt darin. Entsprechend lustlos schlendert er durch die Verkaufsangebote der Geschäfte. Sucht hier und da nach etwas Passendem, aber er bleibt planlos, wie ein unvorbereiteter Weihnachtsmann. Ein Nachthemd vielleicht? Ein paar Socken? Unterwäsche? Eine Mütze? Einen Ring? Vielleicht eine Armbanduhr? Dann hat sie zwei, zu spät kommen wird sie trotzdem. Eine Handtasche? Die müsste zu ihren Schuhen passen. Schuhe, damit kann man ihr immer eine Freude machen. Aber zum einen müsste sie die anprobieren und zum anderen hat sie einen ganzen Schrank voll dieser Freude, in allen Farben und Modellen. Und es bleibt für ihn ein Rätsel, dass sie immer noch mehr braucht. Während er seit ewig bescheiden mit nur drei paar Schuhen ausgerüstet durchs Leben geht, kann sie mit ihrem Sortiment ein Geschäft eröffnen. Beim Schuhkauf, überhaupt beim Einkaufen, scheint sie ihre ganze Geduld zu verbrauchen, jedenfalls hat sie sonst nicht besonders viel davon. Ihn hingegen kann beim Gang durch die Angebote nichts überwältigen. Und insofern fällt ihm auch nichts ein, womit er sie überraschen könnte höchstens damit, ihr nichts zu schenken, das

wäre in der Tat unerwartet genug, um sie zu verblüffen. Aber vielleicht will sie ihn überraschen und hat deshalb getrennte Einkäufe inszeniert?
Genau das ist es. In die ganzen Tüten, die sie von ihrem Einkauf ins Cafe schleppt, derart voll behängt damit, dass er sie kaum erkennt, darf er bis zur Bescherung nicht hineingukken, weil Überraschung.

Heiligabend nun versucht er sie mit einem Warenwertgutschein zu überraschen und sie ihn mit ein Paar Schuhen, passend dazu eine Handtasche und weil Winter ist auch noch in der gleichen Farbe ein Paar Handschuhe, außerdem eine Bluse, einen engen Rock, für festliche Anlässe wie Weihnachten, und einiges mehr, eben was sich so an einem Nachmittag alles einkaufen lässt. Und während er ihr beim Auspacken der Geschenke skeptisch zusieht weil er sich fragt, ob das alles für ihn sein soll, steht sie schließlich strahlend vor ihm und ergänzt ihre Geschenkauswahl mit dem Hinweis: „Du hast gesagt, die größte Freude für dich ist, wenn du mir etwas schenken kannst." „Das ist lange her", gibt er zu bedenken. „Aber nicht zu lange, dass du es nicht mehr weißt?" „Ja", antwortet er und ist letztendlich erleichtert, sich nicht über etwas freuen zu müssen, was er nicht gebrauchen kann und zudem angetan von ihrem Liebreiz, inklusive ihrem selbstlosen Handeln, sich Wünsche zu erfüllen, nur um ihn überraschen zu können.

Zweckgemeinschaft

„Na, spielt ihr schön?“ fragt die Oma ihre Enkel.
„Nein“, sagt Kai, der Ältere.“
Die Oma fühlt sich in ihrem Harmoniebedürfnis gestört, fragt deshalb: „Warum nicht?“
„Weil Till immer mit dem spielen will, mit dem ich gerade spiele.“
„Aber dein kleiner Bruder hat doch sein eigenes Spielzeug?“ wundert sich die Oma.
„Ja“, antwortet Kai „aber er interessiert sich eben nur für das Spielzeug, mit dem ich spiele.“
„Du meinst, wenn du mit dem Trecker spielst, dann will Till auch mit dem Trecker spielen?“
„Ja, egal, ob es seiner oder meiner ist.“
„Glaubst du nicht, dass Till noch zu klein ist, um den Unterschied zwischen deinem und seinem Spielzeug zu erkennen?“
„Nein, denn bei den Zahnbürsten weiß er ja auch, welche seine ist.“
„Meinst du, dass er dich absichtlich ärgern will?“
„Nein, das ist nur so, wenn Mama ihre Lieblingsserie sehen will, dann steht Papa auch immer vor dem Fernseher.“
„Und darin siehst du eine Verbindung zu Tills Verhalten?“
„Ja, beide können nicht ertragen, wenn man sich nicht mit ihnen beschäftigt.“
„Und warum spielst du nicht in deinem Zimmer?“
„Mama geht dann immer ins Schlafzimmer und macht die Tür zu, sieht sich da ihre Serie an. Aber wenn ich in meinem Zimmer die Tür zumache, dann steht Till draußen davor und

brüllt. Dabei kann ich auch nicht in Ruhe spielen. Aber ich habe eine Strategie entwickelt."

„Und welche?"

„Wenn ich zum Beispiel mit dem Trecker spielen will, dann spiele ich zuerst mit dem Spielzeug, was sonst noch so herumliegt und das in schneller Abfolge. Also mit dem Polizeiauto, mit dem Flugzeug, mit dem Rennauto, mit der Eisenbahn und so weiter. Bis Till nun alle Spielzeuge durch hat, mit denen ich gespielt habe und dahinterkommt, dass ich mich mit dem Trecker beschäftige, vergeht eine ganze Zeit, die ich nun für mich habe. Und dann geht alles von vorne los. Aber spätestens beim dritten Durchlauf hat er sich dermaßen verausgabt, dass er keine Lust mehr zum Spielen hat und sich lieber woanders aufhält."

„Das ist ziemlich hinterhältig", findet die Oma.

„Finde ich auch, aber mir bleibt nichts anderes übrig und insofern fände ich es genial, wenn du Till eine Puppe zu Weihnachten schenken würdest, weil dann kann ich für alle Zukunft das Problem aus der Welt schaffen. Dann erziehe ich ihn nämlich zum Mädchen um."